中世纪史 05

美国国家图书馆
珍藏名传

理查二世
Richard II

［美］雅各布·阿伯特 著
袁丽 译

中国出版集团有限公司
华文出版社

图书在版编目（CIP）数据

理查二世 /（美）雅各布·阿伯特（Jacob Abbott）著；袁丽译. -- 北京：华文出版社，2025.3.（美国国家图书馆珍藏名传）. -- ISBN 978-7-5075-5749-7

Ⅰ. K835.617=323

中国国家版本馆CIP数据核字第2025YY8027号

理查二世

作　　者：[美]雅各布·阿伯特
译　　者：袁　丽
责任编辑：方昊飞　王　彤
出版发行：华文出版社
地　　址：北京市西城区广外大街305号8区2号楼
邮政编码：100055
网　　址：http://www.hwcbs.cn
电　　话：编辑部 010-58336265　010-63428314
　　　　　总编室 010-58336239　发行部 010-58336202
印　　刷：三河市航远印刷有限公司
开　　本：787mm×1092mm　1/32
印　　张：9.375
字　　数：115千字
版　　次：2025年3月第1版
印　　次：2025年3月第1次印刷
标准书号：ISBN 978-7-5075-5749-7
定　　价：36.00元

版权所有　侵权必究

理查二世

中文名：**理查二世**
外文名：**Richard II**
生卒年：**1367年—1400年**
所在国：**英格兰王国**
职　业：**国王**
在位时间：**1377年—1399年**

● 理查二世是黑太子爱德华最小的儿子，英格兰国王爱德华三世的孙子。理查二世的父亲黑太子爱德华、兄长昂古莱姆的爱德华先后早于祖父爱德华三世过世。爱德华三世过世后，由年仅十岁的理查继承王位，其叔叔冈特的约翰摄政。

● 在理查二世当政的二十二年中，英国对法国的作战连连失败。为应付战争开支，英国国内不断加征税收。而在经历了数次黑死病后，英国的经济每况愈下，社会矛盾严重，而税额仍在不断提高。走投无路的英格兰农民揭竿而起，于1381年爆发了农民暴动（瓦特·泰勒起义）。

● 1399年，理查二世在远征爱尔兰时被逮捕并遭废黜，之后冈特的约翰的儿子亨利即位，为亨利四世。

● 由此，金雀花王朝结束，兰开斯特王朝开始。

在理查二世生活的时代，世界上发生了哪些大事？

世界历史

1337年—1453年，英法百年战争。

1343年，英国议会成为两院制。

1348年，欧洲爆发"黑死病"，人口锐减三分之一。

14世纪至17世纪，欧洲的文艺复兴运动。

1381年，英国爆发瓦特·泰勒起义。

15世纪晚期，英法中央集权国家形成，英国圈地运动开始。

中国历史

1351年，刘福通、徐寿辉起兵，元末红巾军大起义爆发。

1368年，朱元璋（1328年—1398年）称帝，国号明（1368年—1644年）。

1397年，明朝颁布《大明律》，《大明律》由朱元璋命人总结历代法律施行的经验和教训后制定而成。

1402年，明靖难之役后，明成祖朱棣（1360年—1424年）即位，是为永乐皇帝（1402年—1424年在位），后迁都北京。

1405年—1433年，郑和先后七次下西洋。

1407年，《永乐大典》历时五年修成。这是中国古代规模最大的一部类书。

译者序

《理查二世》是美国著名传记作家雅各布·阿伯特的代表作。本书从英格兰国王爱德华一世驾崩讲起，到理查二世被废黜及驾崩结束，向我们展示了金雀花王朝恢宏的历史长卷。当时的英格兰内忧外患，局势动荡。在国内，王室成员为了权力尔虞我诈，你方唱罢我登场；王室与贵族间矛盾丛生，冲突不断；理查二世更是三次开征人头税，劳苦大众不堪重负，揭竿而起。在国外，英法两国间连年战火不断，民不聊生。

读完此书，我们看到了黑太子爱德华驰骋沙场，指挥若定，所向披靡，却无法阻挡死神的脚步,英年早逝;我们也看到了蹒跚学步的理查二世一步步地走向权力的巅峰,也一步步地从懵懂无知的孩童变成了有仇必报的君主;我们看到了理查二世的冷酷无情,也看到了他对王后波希米亚的安妮的爱情和对小王后瓦卢瓦的伊莎贝拉的温情;我们看到了理查二世声势浩大的加冕仪式,也看到了他被囚后的凄凉。

需要注意的是,理查二世之死产生了非常恶劣的影响——英格兰王位继承权失序了。金雀花王朝爱德华三世的几支后裔都声称自己拥有合法继承权,最终打响了深刻改变英格兰历史走向的玫瑰战争。

袁丽

于西北师范大学

目 录

001　第1章　理查的前任

023　第2章　斗　争（1327年）

055　第3章　黑太子（1336年—1346年）

075　第4章　普瓦捷战役（1356年—1360年）

103　第5章　理查的童年（1366年—1370年）

127　第6章　即　位（1376年）

145　第7章　加　冕（1377年）

157	第8章 骑士精神（1378年—1380年）
181	第9章 瓦特·泰勒起义（1381年）
203	第10章 起义结束（1381年）
221	第11章 好王后安妮（1382年—1394年）
237	第12章 统治时期的事件（1382年—1396年）
257	第13章 小王后（1395年—1396年）
271	第14章 理查二世被废黜与死亡（1397年—1399年）

第 1 章　*CHAPTER I*

理查的前任

Richard's Predecessors

曾有三位理查登上过英格兰国王的宝座。

第一位是理查一世，他被称为"十字军战士理查"，他也因此被人们所熟知与称道。他不仅是英格兰至高无上的国王，还统治着法兰西的诺曼底地区。为了出征圣地，理查一世在自己的领地里招募了强大的军队；为了从"异教徒"手中夺回耶路撒冷和其他圣地，他与萨拉森人进行了多年的战争。在征战途中，理查一世有许多非凡的际遇，这些故事都收录在《理查一世》中。

理查一世的继任者并非理查二世。他们中间还有几位君主统治过英格兰。继承理查一世王位的是约翰。他是理查一世的弟弟，在理查一世出征圣地期间被任命为摄政，留在了英格兰。

约翰之后是亨利三世和爱德华一世、爱德华二世、爱德华三世。爱德华三世驾崩后，他的孙子理查二世继承了王位。他当时只有十岁，还不具备统治一个国家的能力。

当时的国王都是些野蛮、强横的人，他们之间争斗不断，与贵族们也战争频发。劳苦大众却处在水深火热中。贵族们住在遍布全国的牢固的城堡里，他们拥有或声称拥有巨大的资产，并强迫劳动人民为他们耕种。这些城堡中有一部分现在仍适合居住，但大部分已成一片废墟，经常会引来好奇的人们前去参观。

古代城堡的废墟

国王们牢牢掌握着自己的国家，正如那些贵族紧握自己的财产一样——他们认为，这是理所当然的事情，而普通民众也是这么想的。在他们看来，国王有"权力"享受奢侈华丽的生活，有"权力"作威作福，有"权力"为了租金和税收而强迫人们付出他们近乎全部的收入；国王也可以像他的父亲那样拥有强大的军队，无论何时，只要他一声令下，这些士兵就要奔赴沙场，为了他与邻国间的不和而战。然而，国王的父亲有什么权力这么做呢？国王为什么这么做呢？因为他的父亲就是这么做的呀。好吧，那么让我们回到最开始的时候。第一个人是如何获得这些权力的呢？这是一个无人能够回答的问题。因为无论是当时还是现在，没有人知道，到底是谁建立了这些贵族家庭，或者他们是通过什么方式获得这些权力的。在君主统治的初期，当时的人们既不会读也不会写，没能留下任何文字记录，也没有任何有关如何处理公共事务的记载。等到文明之光开始照亮中世纪的欧洲时，这些王室与贵族早已落地生根，遍布四处了。

整个欧洲被分成许多王国、公国、公爵领地及其他一些割据政权。这些政权中都会有一个古老的家族，他们建立了至高无上、近乎专制的权力。同样，没有人知道他们最初是如何获得这些权力的。

大部分民众通常会心甘情愿地接受这些贵族或王室的统治。首先，他们对这些古老的、根深蒂固的家族有着一种近乎盲目的崇拜。其次，他们从小就被教导说国王拥有统治的权力，而贵族则对自己的财产拥有所有权；他们自己终身都要辛勤地工作，并允许国王和贵族以租金、税收或其他名义拿走他们的劳动所得，只留下能够勉强维持生活的必需品。民众认为这是造物主赋予他们的责任，他们必须遵从这样的安排，否则就是一种罪过。然而，土地显然是造物主送给全人类的礼物。因此，整个社会应当进行公平合理的安排，按劳分配劳动果实，让每个人都获得自己该得的报酬。

而事实上，从许多方面来说，这些国王和贵族组成的统治阶层，对普通民众来说，是大有好处的。正是出于这方面的考虑，普通民众比我们想象的更倾向于服从这些世袭的国王和贵族。国王或贵族会竭尽所能地维持秩序，惩治犯罪。如果有人结伙抢劫，这些国王或贵族就会派兵去剿灭他们。如果有窃贼入室行窃，国王或贵族就会派出官员去追捕并监禁偷窃者。如果有谋杀案发生，国王或贵族会抓到杀人者并处以绞刑。国王和贵族们这样做完全是出于对自身利益的考虑。如果国王或贵族允许抢劫发生，或是让民众总是生活在恐惧中，那么土地将无人耕种，租金和赋税也将无处征收。因此，国王和贵族建立了法庭，制定了法律，并任命官员来负责执行，目的就是保护臣民的生命与财产安全。而民众也被灌输了这样一种观念——除了依靠国王的力量，他们是无法得到安全保障的。民众常常告诫自己，应当为此而感到心满意足，愿意为了国王去征战沙场，也愿意为国王和贵族付出自己近乎全部的收入。要是他们不这样做，整个社会都会陷入一片混乱之中，强盗与窃贼也会四处横行，而自己将会无处安身。

在当今世界任何一个开明的国度中，民众都可以选举政府部门来约束和惩罚抢劫与谋杀等罪行，制定并执行所有必要的法律，来促进公众福利的改善与提高。然而，在古代，这是很少或从未发生过的事。虽然当今社会对行政管理的理解也不够完美，但在当时，这根本就是没有人能够明白的事情。因此，人们除了服从，没有更好的选择。他们不仅要服从国王，还要尽全力来拥护这些世袭国王和贵族的统治。

不过，我们决不能误以为这些世袭贵族的权力是绝对的。事实上，他们的权力也要受到王国古老的习俗和法规的制约。除非国王和贵族们悖逆天道，否则这些古老的习俗和法规是不可违背的。他们拥有的权力必须建立在这些古老的习俗和法规的基础上。跟这些古老的习俗和法规一起传承下来的对权力的限制，自然也和这些权力本身一样是有效的。

尽管如此，这些国王仍然会不断地越过权力的边界，从而引起连绵的战火，他们的领土也总是因此而长期处在混乱中。有时，不同的王位继承者之间的竞争就会导致一场战争的爆发。如果一位国王离世时只留下一个年幼的、还没有能力治理国家的儿子，那么他的某一位兄弟——小王子的叔叔——就会以这样或那样的借口伺机篡位。这时，贵族与朝臣们就会做出选择，有的会支持这位王侄，有的则会选择追随那位王叔，这就有可能触发一场漫长的内战。这正是理查一世驾崩后的局面。临终前，理查一世指定自己的侄子布列塔尼公爵阿蒂尔一世，一个只有十二岁的男孩，作为王位的继承人。阿蒂尔一世的父亲若弗鲁瓦二世是理查一世的弟弟，年长于约翰。因此，阿蒂尔一世拥有合法的继承人身份。然而，理查一世在出征圣地时曾任命约翰为摄政王，赋予他管理国家事务的权力。因此，约翰决定，取代他的侄子阿蒂尔一世，改由他自己来继承王位。

于是，约翰自立为王。他虽然当时还在诺曼底，但很快就亲率一支军队赶赴英格兰。

英格兰的贵族们立刻决定，抗击约翰，维护阿蒂尔一世的地位。他们宣称阿蒂尔一世才是合法的国王，约翰只不过是篡位者罢了。他们把所有人都撤回了城堡以加强防御。

在任何一个国家，只要有人争夺王位，邻国的国王们都会参与进来。在他们看来，支持其中一方并协助他夺得王位，就可能获得日后利用他的筹码，可以对他施加影响了。当时的法兰西国王是腓力二世。他决定在这场王位之争中支持阿蒂尔一世。他这样做的目的，是给自己找一个向约翰开战的借口，从而占领部分诺曼底地区并划归到自己的疆域中。

于是，腓力二世邀请阿蒂尔一世来到自己的宫中，问他是不是想成为英格兰国王。阿蒂尔一世回答说，事实上他非常愿意称王。"很好。"腓力二世说，"我给你一支军队，你去向约翰宣战。我也会带着另一支军队前去。到时候，从约翰手里得到的一切，凡是属于诺曼底的东西都是我的，而整个英格兰都将是你的。"

腓力二世认为，约翰与阿蒂尔一世在英格兰大战时会分身乏术，无暇顾及自己这边。这样一来，他就可以轻易地占领诺曼底大部分地区，并据为己有。

作为一个只有十四岁的孩子，阿蒂尔一世当然还不能对这样的问题做出正确的判断，所以他欣然接受了腓力二世的建议。很快，腓力二世就集结了一支以阿蒂尔一世为首的军队，他们朝着诺曼底进发，正式向约翰开战。当然，阿蒂尔一世只是个傀儡而已，真正拥有指挥权的是一些年长、富有经验的将军，只不过他们的所有命令都是以阿蒂尔一世的名义发出的。

漫长的战争开始了。最终，阿蒂尔一世战败被囚。一天晚上，约翰和他凶残的军队占领了阿蒂尔一世所在的城镇。这个可怜的男孩是在自己的床上被抓住的。一队骑兵带走了他，并把他关在了著名的法莱斯城堡的地牢里。

不久,约翰决定去牢里拜访阿蒂尔一世,看看能否与他达成一些协议。为了达到自己的目的,他特意又等了一段时间,直到他认为这个男孩的精神已被监禁和苦难摧毁。他打着自己的如意算盘,想着只要阿蒂尔一世同意放弃王位并承认自己为王,他就释放阿蒂尔一世,甚至可以给他大量财产。然而,他发现,即便阿蒂尔一世如此年幼,即便他独处地牢之中如此无助,他的内心也并未屈服。对于约翰的提议,他的答案只有"把我的国家还给我"。最终,在发现自己无法引诱阿蒂尔一世放弃权力后,约翰气急而去,他决定杀了阿蒂尔一世。在他看来,只要阿蒂尔一世死了,就再也没有什么人可以阻止自己登上王位了。因为他自己就是下一位合法继承人,这是一个不争的事实。

还有另一种方法可以使约翰成为合法的继承人。在当时,有一种普遍的观点认为,任何眼不能视、耳不能听、口不能言的人是不能继承王位的。把阿蒂尔一世弄瞎，和杀了他一样可以使他失去继承权。因此，约翰决定毁掉阿蒂尔一世的眼睛，让他无法继承王位。他派了两个人去地牢里执行这个残忍的决定。

负责看守城堡的人叫休伯特。他是一个善良仁慈的人，非常怜悯这位不幸的囚徒。因此，当执行者来到时，他跑去牢房里告诉阿蒂尔一世他们此行的目的。阿蒂尔一世跪在休伯特的面前，失声痛哭，祈求他的怜悯。"救救我！哦，救救我！"听到如此可怜的哭声，休伯特被感动了。他决定在再次见到约翰前，一定要阻止这可怕的行径。

当发现有人违背了自己的命令后，约翰非常愤怒。他立刻决定，把阿蒂尔一世送到鲁昂的另一座监狱去，他知道那里的守卫是一个残忍到没有道德原则的人。不久，阿蒂尔一世的死讯就传遍了整个英格兰王国。所有人都认为是约翰谋杀了他。关于这件事的传言还有许多不同的版本。有一种说法是这样的。据说，约翰当时就在鲁昂。在一次狂欢晚宴后，他在酒精的作用下变得非常兴奋，于是，就跑去亲手杀死了阿蒂尔一世。之后，他命人在尸体的脚上绑上重重的石块，打算沉尸塞纳河。不过，尸体浮了上来并漂到了岸边，被几位修道士发现，偷偷地埋在了修道院里。

另一个版本是这样的。约翰假装与阿蒂尔一世和好，带他出去和其他骑士们一起骑马。当时，他们一起骑在队伍的前面。到了晚上，他们到了河边的峭壁上，那里荒无人烟。此时，约翰拔出佩剑，策马赶上阿蒂尔一世并刺穿了他的身体。阿蒂尔一世大喊着从马上摔了下来，连连求饶。然而，约翰并未理会，直接把他拖到悬崖边，硬生生地将他扔了下去。

第三个故事是这样的。约翰决定要了阿蒂尔一世的命。一天晚上，他来到塞纳河边的鲁昂，进入了关押阿蒂尔一世的城堡。守卫来到阿蒂尔一世的房间，叫醒他并让他起床。

"起来，"守卫说，"跟我走。"

阿蒂尔一世起身，战战兢兢地跟着守卫下楼。到了塔底，他看见那儿有一扇朝向塞纳河边的门敞开着。在出来的路上，阿蒂尔一世发现，楼梯边有条船，里面坐着他的叔叔约翰和其他一些人。他立刻明白了这一切意味着什么。他十分恐惧，跪下来恳求叔叔约翰放自己一条生路。然而，约翰还是命人杀了他，并把他抬出去扔进了河里。也有人说是约翰亲手杀了阿蒂尔一世，并将他扔进河里的。

到底哪一个故事是真的，现在已经无从知晓。唯一可以确定的是，为了清除阿蒂尔一世，约翰促成了这起谋杀。他假称理查一世在临终前把王国交给了他。这样一来，他的王位看起来就合法了。然而，没人相信他的说辞。

无论如何，约翰获得了王位，并且统治了许多年。然而，他的统治并非一帆风顺。虽然阿蒂尔一世死后没有人再质疑他的继承权，但人们十分憎恨他的残暴与罪恶。最终，他属下的贵族们自发地组织起来反对他，希望能够把他的王权限

国王约翰

制在一个更加合理的范围内。

有一段时间，约翰同这些叛乱者(他是这样称呼他们的)爆发了战争，但他不断战败。最终，约翰被迫屈服。这些贵族把自己的要求完整、正式地写在羊皮纸上，胁迫约翰在上面签了字。这份文件被命名为大宪章，即伟大的章程。《大宪章》的签署与发布被看作英格兰历史上一次至关重要的事件。这是英格兰民众与国王之间达成的第一份协议。时至今日，《大宪章》中的条款仍被认为是有效的。因此，从某种意义上来讲，它是当今英国人民享有的公民权的基础。

约翰签署《大宪章》的仪式是在距温莎城堡不远的泰晤士河边的一片宽阔美丽的草地上举行的。

然而，签署一份这样的协议，貌似并不能约束英格兰国王。此后，国王与贵族间总是为此而争吵不休，因为一代又一代的国王拒绝遵守约翰以国王的名义签署的这份协议。他们认为，这并不是约翰自愿签署的。他们说，因为当时的贵族们处于强势，约翰是被迫就范的。当然，一旦国王觉得自己的力量强于贵族时，他们是非常善于违反协议的。曾经有一位国王从教皇那里获得了豁免权，免除了他履行协议的所有责任和义务。

贵族们希望国王能够表现出诚意，双方因此不断产生争执，有时甚至引发内战。这些战争往往以贵族的胜利而告终。他们坚持要战败的国王重新签署并正式批准《大宪章》。据说，在四五位国王在位期间，这项协议被重订、确认了至少三十次，从而最终成为这个国家不可动摇的、无可争议的法律。此后，英格兰国王的权力就要受到这些条款的限制与约束。

所有这一切都发生在理查二世即位前。

除了与贵族间的争斗，当时的国王也经常与普通大众发生矛盾。不过，由于人们没有办法组织在一起进行抵抗，因此民众往往是屈服的那一方。他们经常会受到残忍的迫害和虐待。统治阶层最大的目标就是采取一切可能的手段，来榨取大众的血汗钱。为达到这一目的，他们把税额提得很高，只给人们留下一些勉强维持生计的活命钱。在逼迫人们交税时,他们往往会采用一些极其残酷的手段。不幸的犹太人是他们强取豪夺的特殊目标。在当时的欧洲,几乎所有产业都把犹太人排除在外,犹太人只能靠买卖动产或是放贷为生。通过这种方式,很多犹太人都变得非常富有,并且他们的财富都极易隐藏。与犹太人装穷不同,统治阶层往往装富。为了维持奢华生活,统治阶层会采取残忍的手段来逼迫犹太人纳税。以下这段文字节选自当时一位史学家的文章,他向我们讲述了一些残忍的例子。同时,这段文字向读者展示了当时编写史书时,所采用的奇特古雅的创作风格与拼写方式。

  国王向犹太人征收赋税,折磨并囚禁他们,因为他们中有人并不情愿缴纳税款。其中,在布里斯托有一个人,他拒绝为获释而付罚款。因此,按照国王的诫命,他被判接受惩罚。惩罚是,每天拔掉他一颗牙,直到他同意把查获的一万马克上交国王。在前八天，他坚强地忍受了。然而，到了第八天，他的第八颗，也是最后一颗牙（他总共只有八颗牙）要被拔掉时，他还是付了钱，留下了那颗牙齿。那些稍微聪明一点儿的人早就会这样做了，因为不仅可以少受点儿罪，还可以保留另外七颗在痛苦折磨中失去的牙齿，而那些平庸的拔牙者极有可能在操作时什么技巧都没有用。

从这个案例中可以看出，可怜的犹太人只能任由国王宰割。当时的基督徒非常厌恶和蔑视犹太人。无论他们受到怎样的不公或暴行，都不会有人为他们说话或是维护他们。有这么一个故事，据说在当时的英格兰，有个耸人听闻的传言，犹太人习惯每年把一名基督教儿童钉死在十字架上。有一年，一位母亲丢了孩子，她四处寻找，最后在一口井底发现了孩子的尸体。有人回忆说，在孩子失踪前不久，他看到这个孩子在一家犹太人的门前和几个犹太孩子一起玩耍。这个犹太人的名字是约翰·莱星顿。立刻就有传言说，这个孩子是被犹太人抓走并钉死在十字架上的。当然，约翰·莱星顿是最大的嫌疑人，警察立刻逮捕了他。他被警察的警告和威胁吓到了，表示只要能饶自己一命，他愿意认罪。他们答应了他的要求。于是，约翰·莱星顿就承认了罪行。有一百零二名犹太人因这份供词而被捕，他们被带往伦敦，关押在了伦敦塔里。

虽然约翰·莱星顿认了罪，但还是有人不打算放过他，要处死他。听到这个消息后，他万分痛苦，表示愿意招出更多人。因此，他又招认了更多的细节和许多参与了犯罪的人。然而，一切都是徒劳的，他还是和另外十八个犹太人一起被处决了。

从这起案件中我们不难看出，这所谓的罪行极有可能是完全凭空想象出来的。在痛苦与恐惧下做出的证词往往不能够被采信。在古时候，对嫌疑人严刑拷打，逼迫他们认罪或是供出同谋是一种很常见的手段。没有什么事比这样的行径更为残忍不公了。在这种情况下，大部分人都会被极度的痛苦与恐惧逼疯，只要可以减轻痛苦，尽快结束非人的折磨，他们什么话都可以说。

普通人是无法抵抗统治者的压迫的，因为他们没有任何力量，不能组织在一起创造一个新政权，所以他们很容易被制服。然而，贵族不同，他们经常会抵制国王。当时有法律规定，任何无人认领的财产都属于国王。此外，如果国王觉得财产拥有者的所有权凭证有问题，那么国王也可以宣布财产归自己所有。有一次，一位国王要求一位贵族出示他的财产所有权凭证，他打算要检查一下，看看有没有问题。这位贵族没有拿出文件，而是拔出了自己的佩剑，横在国王面前。

"这就是我的凭证。"他说道，"陛下应当记得，即使是诺曼底的威廉，他也不是独自一人占领这片土地的。"

还有一次，一位国王想派两位伯爵去国外打仗，但这两人并不想去。因此，他们拒绝了这项任务。

"我向上帝起誓,"国王说,"你们要么去,要么被绞死。"

"我向上帝起誓,"一位伯爵回答道,"我们既不会去,也不会被绞死。"

这些贵族经常会大范围地、有力地组织在一起对抗国王,而在这种情况下,他们往往能够成功地迫使国王屈从于他们的要求。

第 2 章　*CHAPTER II*

斗　争（1327年）

Quarrels (1327)

在理查二世之前的几个王朝，尽管统治者积极推进法治建设，国王也不断强调自己拥有统治的权力，但由于统治阶层中各个派系之间总是意见不合，与周围国家的关系也总是战事不断，致使英格兰长期处于混乱中。这些斗争往往是多方面的。

一、正如我们所见，国王与贵族间永远都存在分歧。

二、由于对王位继承权存在不同意见，王室不同分支间经常会发生惨烈的战争。

三、国王们经常相互入侵，或是兵戎相见。这些战争爆发的原因，有的是因缺乏法律意识，肆无忌惮地烧杀掳掠而爆发，有的仅仅是因真实的或想象中的私人恩怨而起。

四、罗马教皇宣称对英格兰的教堂拥有管辖权，且一直与英格兰国内势力冲突不断。

在理查二世即位前，这些冲突使英格兰几乎一直处于动荡中。类似于这样的矛盾从未间断过。在理查二世之前，国王与教皇间相处得并不愉快。正如前面提到的,教皇被认为是整个基督教教会的首领,他拥有在英格兰任命大主教、主教和神父的权力;拥有制约统治阶层,控制修道院的权力及对教会的拨款权和支配其收入的权力。国王对这些权力的干涉往往会引起教会的不满,继而产生矛盾与冲突。教皇本人从未去过英格兰,但他会指派一名教廷使者来代表自己。这些使者出行非常讲究排场,他们会带着众多的随从,行为举止都相当傲慢且咄咄逼人。在与国王的斗争中,教廷使者往往是依靠教皇对普罗大众的巨大影响及人们对宗教的敬畏而取胜。

这些教廷使者的出访有时也会引起骚乱。曾经有一次,一位使者到了牛津。当时,牛津大学已经建校,使者暂住在当地的一座修道院中。为了向使者表达敬意,学校里的几位学者相约一起去拜见他,却被看门人拒之门外。这件事情引起了人们的不满和骚乱,学生们撞击大门,想要冲进去,而修道院的看门人则叫来了使者的侍从一起阻挡学生的冲击。

在冲突中，有一两个学生冲出重围，跑到了修道院的厨房附近。有一名学生召唤一个厨子来帮助他们，然而，这个厨子从一个罐子里舀了满满一勺热汤泼到了他脸上。当时的一位史学家是这样描述的：另一位学生大叫道："我们为什么要承受这样的恶行！"他拿出早已准备好的弓箭射向这个厨子，当场就要了他的命。

学生们的情绪更加高涨。更多的学生拥了进来，场面大乱，暴动愈演愈烈。教廷使者觉得自己性命堪虞，立刻逃到修道院的钟楼里藏了起来。暴动逐渐平息后，他悄悄地爬出钟楼，逃到了泰晤士河对岸，骑着马一路狂奔到了伦敦。

使者向国王控诉了自己遭受的侮辱。国王立刻派出一支军队，在一位伯爵的带领下去营救被囚禁在修道院中的使者、随从，同时逮捕所有参与暴乱的学生，并将其押解到伦敦。这位伯爵完成了自己的任务，他总共逮捕了三十名学生，把他们关押在附近的一座城堡里。

最后，在惩治了导致骚乱的学生后，学校董

事会的成员和教师也被迫来到伦敦。他们赤足走过主干道,来到教廷使者所在的教堂,谦卑地祈求他的原谅。在历经艰难之后,使者终于宽恕了他们。

正如任何国家、任何时代的年轻人一样,当时的年轻人也非常容易冲动,并且从某些角度来说,是目无法纪的。无论何时,只要认为自己受到了伤害,他们就会不顾一切、不停地寻找复仇对象。有一次,牛津大学的一名学生觉得自己受到了伤害(有可能是真的,也有可能只是他自己臆想的),他为此而激烈地反对国王的统治,下定决心要杀了国王。他装疯卖傻,在国王居住的伍德斯托克宫外徘徊了好几天,终于摸清了王宫的地形和布局。一天晚上,他瞅准机会从窗户爬进了国王的卧室。他蹑手蹑脚地摸到床边,用一把短剑向床上刺了好几下。然而,除了床和枕头,他什么也没刺到,因为当晚国王恰巧睡在另一间卧室里。

他正要逃走时,一个叫玛格丽特·比塞特的侍女发现了他。她尖叫起来,惊动了其他侍从。他们赶来抓住了这名学生，把他投进了监狱。他最终因试图谋杀国王而被判叛国罪，并被处以绞刑。在受死前，他声称是受雇于一个叫威廉姆·德·马利希的人。威廉姆·德·马利希在当时是一位非常有名望的人，他随后被捕并接受了审判。他郑重地否认自己曾经教唆过这名学生犯罪，但最终还是被判有罪，并被处以死刑。按照当时的习惯，犯有叛国罪的人的尸体将会遭受极大的侮辱，然后被分成四块，分别送往这个国家最重要的四座城市示众，以此来警告世人，犯下如此罪行将会带来的可怕后果。

当时，民众一直被教导说，谋害国王是最大的罪行。为了让大家牢牢记住这一点，许多人付出了惨痛的代价。当时的一位作家曾经说过，伤害或者杀死一位王子就等同于蓄意杀人、杀父弑母、杀害基督教徒，甚至是杀害耶稣。也就是说，谋杀国王的人，他的罪行不仅祸及外人，还有他的父母，救世主耶稣，甚至是上帝。

人们对于国王，存在着许多奇怪和迷信的想

法。这种对国王的迷信是受到鼓励的，甚至那些本应更明白事理的学者和史学家也是如此。对于他们而言，按国王和朝廷的喜好记录历史事件，无疑更符合他们的利益，所以学者和史学家讲述的故事并不一定严谨可靠。他们更乐于取悦当权者，巩固统治者的权力与威信。

当时，英格兰与周边的苏格兰、威尔士和法兰西之间经常战火不断。打仗往往并不是为了英格兰人民的利益，而只是为了满足国王的一己私欲罢了。他想要开疆拓土，增加税收，当然也想拥有更大的权力。有时，可能仅仅因为私人间的恩怨，两个国家就会兵戎相见，为了些不值一提的所谓的伤害和怠慢，而牺牲掉成千上万条生命和大笔财富。

让我们以一场英格兰与威尔士间的战争为例，来看看战争的起因到底是什么。威尔士的统治者卢埃林·格鲁菲德向法兰西国王腓力三世求娶住在法兰西宫廷的埃莉诺·德·蒙福尔。他这样做，并不是因为他爱这位素未谋面的小姐，而是因为埃莉诺·德·蒙福尔是莱斯特伯爵西蒙·德·蒙福尔的女儿。西蒙·德·蒙福尔是英格兰国王爱德华一世的敌人，他被自己的国家流放，正在法兰西避难。卢埃林·格鲁菲德认为，自己前去求婚并缔结婚约，既可以取悦法兰西国王腓力三世，又可以激怒英格兰国王爱德华一世。

腓力三世立刻同意了卢埃林·格鲁菲德的求婚。爱德华一世对此非常愤怒，他决定要阻止这场婚姻。他命令属下在锡利群岛截住护送埃莉诺·德·蒙福尔前往威尔士的舰队。整支送亲队伍都被俘，随后被送往了伦敦。

卢埃林·格鲁菲德听说这一消息后非常愤怒，他立即带领一支军队突袭英格兰边境，沿途烧杀掳掠，无恶不作。一场漫长的战争由此开始。从总体上来说，英格兰取得了最后的胜利。双方签订了协议，爱德华一世释放了卢埃林·格鲁菲德的妻子埃莉诺·德·蒙福尔，而交换条件则是整个威尔士。此后，卢埃林·格鲁菲德的王国几乎完全受制于英格兰国王。

对于这样的结果，卢埃林·格鲁菲德自然非常不满，他越来越无法忍受自己低人一等。终于，又一场战争爆发了。卢埃林·格鲁菲德再次战败，最后的战斗在山谷中打响，孤注一掷的卢埃林·格鲁菲德最终战死沙场。其实，他在战斗刚开始时，就被杀死了。杀他的人最初并不知道他的身份，只是从他的盔甲上看出他应该地位不低。当战斗结束后，这个人返回时才发现，自己杀死的居然是卢埃林·格鲁菲德。他非常高兴，把卢埃林·格鲁菲德的头割了下来，作为礼物献给了爱德华一世。爱德华一世命人把头送回伦敦，挂在一根长杆子上游街示众。在走过齐普赛街——当时伦敦的主干道后，卢埃林·格鲁菲德的头被高高地挂在了伦敦塔附近。为了能让更多的人看到，他的头一直被挂在那里，过了好久才被放下来。在爱德华一世看来，这是他的战利品，是胜利的荣耀；但事实上，它是强者强加在弱者身上的残忍与不公的象征。

不久，英格兰国王爱德华一世又成功抓到了卢埃林·格鲁菲德的弟弟戴维兹·格鲁菲德，并以叛国罪为借口杀死了他。他的头也被割了下来，和卢埃林·格鲁菲德的头一起，挂在了伦敦塔的另一角。

不过，我们必须要承认，虽然这些古代的士兵在对待敌人时非常残忍，但他们有时也会展露一些高尚的情操。我们还是以爱德华一世为例，他在对待卢埃林·格鲁菲德时十分残酷无情。在一次与苏格兰的战争中，爱德华一世包围了一座城堡。有一天，他写了一封信，需要一位脚程很快、忠诚可靠的信使把信送回伦敦。一个叫勒温的威尔士人被带到了爱德华一世面前。爱德华一世把装信的盒子交给他，还给了一些路费，就派他出发了。

勒温并没有立刻上路，他去了一个小酒馆，用爱德华一世给的路费买了酒，和一帮朋友彻夜痛饮。第二天早上，他说自己必须出发了，但在离开前，他说自己必须回到城堡那儿，给守卫城堡的士兵来上最后一箭。以此为借口，勒温拿着自己的十字弩朝着城墙走了过去。到了墙角下，他并未射出自己的箭，反而向城墙上的护卫喊话，让他们放下一根绳子把自己吊上去，因为他有重要的事情要告诉城堡里的长官。

守卫们放下绳子把他拉了上去，之后又带着他去见长官。当时，长官正在用早餐。勒温把盒子递给他，说："先生请看看这个盒子，它会告诉你英格兰国王的一切秘密。"

他还希望这位长官能在城墙上给他一个位置，看看他能否用十字弩来对付英军。

当时，枪支与火药还未成为武器，最可怕的兵器就是十字弩。和十字弩一起使用的方头箭被称作"四角箭"。

这位长官并未接受勒温的提议。他立刻走上城墙的角楼，向下面的英格兰士兵喊话，让他们去告诉爱德华一世，他的一个侍从背叛了他，还带着一个装有信的盒子到了城堡里。

"告诉他，"这位长官说，"如果他派人来

的话，我会把这个人从城墙上放下去，同时归还装信的盒子。我从未打开过这个盒子。"

很快，爱德华一世的一位重臣斯潘塞勋爵来到了城墙边。城堡里的士兵用绳子把勒温和装信的盒子送了下去。爱德华一世对此非常满意，他立刻停止围攻城堡，并在最高的绞刑架上吊死了勒温。

让我们回到威尔士。在卢埃林·格鲁菲德和他的弟弟戴维兹·格鲁菲德死后，威尔士王国被英格兰吞并，此后成为大不列颠的属地。爱德华一世保证，仍然会由威尔士人来做王子，他以此引诱威尔士人民同意与英格兰合并。威尔士人民认为，这意味着他们仍然会由自己的王室统治，但事实上，爱德华一世是打算把自己的儿子立为威尔士王子。这位王子当时还是个婴儿。他出生在威尔士，也算是个威尔士人。当初，爱德华一世在征战威尔士的途中占领了一个叫卡尔纳文的地方，还在那儿修建了一座城堡。城堡坐落于风景优美的梅奈湾，与安格尔西岛隔海相望。

卡尔纳文城堡

等城堡完工后，爱德华一世带王后卡斯蒂尔的埃莉诺前去参观。王后卡斯蒂尔的埃莉诺在参观的途中突然临盆，就在那儿生下了他们的儿子爱德华王子，也就是后来的爱德华二世。

这就是威尔士亲王的起源，这一头衔此后一直由英格兰国王的长子继承。

第一位威尔士亲王爱德华王子非常不幸。他

的故事，为本章开头提到的几类冲突中有关君主和贵族间的矛盾，提供了最好的证明。当爱德华王子还是一个男孩时，他和一个叫加韦斯顿的小伙子结为密友。加韦斯顿是个十分帅气的年轻小伙子，他容貌出众，举止得体，很快就赢得了爱德华王子的欢心。然而，事实上他是个行为狂妄放纵的人，对爱德华王子产生了极其恶劣的影响。不过，只要这些年轻人无法无天的行为伤害的只是普通人，爱德华一世看起来还能够容忍。然而，终于有一次，在一次暴乱中，他们冲进了一位主教的庭院，造成的破坏令爱德华一世无法视而不见。他把儿子爱德华王子抓起来关进了监狱，并把加韦斯顿赶出了英格兰，禁止儿子再和他有任何联系。这件事发生在1305年，爱德华王子二十一岁时。

两年后，也就是1307年，爱德华一世驾崩，爱德华王子继承了王位，即爱德华二世。他立刻派人把加韦斯顿接了回来，并满怀喜悦地迎接他的到来。他授予加韦斯顿爵位，封他为康沃尔伯爵。那位导致加韦斯顿被流放的主教则被爱德华二世抓了起来，送到了加韦斯顿的手里。同时，爱德华二世还没收了他的全部财产，并赐给了加韦斯顿。因为加韦斯顿的反复无常与善变，这位主教总是从一个城堡被押送到另一个城

爱德华二世

堡，不得安生。

这些事情激怒了英格兰的贵族们，因为加韦斯顿不仅是一个放浪形骸、腐败堕落的人，并且从出身上讲，他生于法兰西加斯科涅，是一个外族人。随着地位的提高，他的性格越变越糟。他和爱德华二世两人整天饮酒作乐，四处作恶。

爱德华二世与法兰西的伊莎贝拉订立过婚约。即位后六个月，即1308年1月25日，他出发前去法兰西完婚。按照王国的惯例，在出行期间，国王应当指定一名王室成员，或者一名出身于古老的贵族家庭的重要人物担任摄政王，管理国家。然而，爱德华二世并没有这样做，他任命加韦斯顿为摄政王，并且赋予他仅次于国王的权力。

爱德华二世与法兰西的伊莎贝拉举行了盛大的婚礼。法兰西的伊莎贝拉美貌非凡，深受大众的喜爱。据说，总共有四位国王和三位王后参加了他们的婚礼。然而，爱德华二世看起来对自己的新娘和婚礼都毫无兴趣，他表现得非常不耐烦，想要尽快结束庆典，尽早返回英格兰去见加韦斯顿。等到能够离开时,他便迫不及待地返回英格兰。大队人马刚在英格兰登陆,就见到了迎接他们的加韦斯顿和一同前来的贵族。爱德华二世再次见到了加韦斯顿,显得欣喜若狂。他扑入加韦斯顿的怀抱,紧紧地拥抱并亲吻他,称他为"亲爱的兄弟"。然而,爱德华二世忽视了周围的高官贵族。大家对他的这一行为感到奇怪与不满,但因为他是国王,所有人都没有表现出来。

不久,加冕仪式举行了。在这盛大、庄重的场合中,加韦斯顿独享所有荣耀,王国里那些古老的世袭贵族则完全被忽视了。加韦斯顿手捧王冠走在爱德华二世和王后法兰西的伊莎贝拉的前面,看起来像是全国最重要的人物一样,贵族们对此非常愤怒。迄今为止,他们只是私下里议论过对爱德华二世如此徇私的不满。他们认为,是时候联合起来纠正这一恶行了。因此,他们共同商讨并起草了一份请愿书交给爱德华二世。在信中,他们请求,但事实上是要求爱德华二世把加韦斯顿赶出他的宫廷,并驱逐出境。

爱德华二世非常惊慌，他无法放弃自己的挚爱。他回答说，不久会给出答复。他立刻开始谋求与贵族们的和解。然而，他所有的努力都被加韦斯顿的行为破坏殆尽。加韦斯顿变得越来越骄傲自大，每天四处炫耀，出现在所有公众场合。只要有他出现的地方，地位最高的贵族都得给他让位；他讲究排场，也因自己衬得那些贵族们相形见绌而得意扬扬。他非常擅长于当时盛行的各类竞技运动，参加了所有马上枪术比赛，并包揽了大部分奖项。再加上他本人长得英俊潇洒，宫中的女士们都对他大加赞美，甚至非常崇拜他。此外，他在普通民众中也非常受欢迎。他的这些表现引起了贵族们的愤怒。他们视他为眼中钉、肉中刺，比任何时候都恨他。

情况越变越糟，以至到了最后，所有人都与加韦斯顿为敌。议会成员在集会时一致反对他，坚持要把他赶出英格兰。人们不断地抗争，爱德华二世最终不得不做出让步。议会坚决要求加韦斯顿离开英格兰，并且他必须发誓绝不再回来,否则的话,议会将不再继续支持爱德华二世的统治。爱德华二世认识到,他必须在他的密友和王位间做出选择。

加韦斯顿离开了。爱德华二世陪他来到海边,充满深情地与他告别。爱德华二世承诺,只要有可能,就会尽快把他接回来。爱德华二世立刻开始着手谋划这件事。因为加韦斯顿只是发誓离开英格兰,所以爱德华二世把他送到了爱尔兰,并任命他为总督。在那儿,加韦斯顿的权力更大,地位也更显赫。

过了一年多,加韦斯顿终于可以回来了。爱德华二世替他从教皇那里争取到了宽恕,免除了他履行誓言的义务。复职后,他表现得更加肆无忌惮。他给贵族们取绰号,以此来报复他们当初赶走自己的行为。有一个贵族被他叫作"犹太人约瑟夫",仅仅是因为他的脸长且苍白,有点儿犹太人的神情。他称沃里克伯爵为"亚丁的黑狗"。当沃里克伯爵听到这个绰号时,他紧握着自己的拳头,说:"好吧,我会让他尝尝犬牙的厉害。"

总之，贵族们对这位宠臣的愤怒已达到顶点。在多次抗争无果后，叛乱终于发生了。当时，爱德华二世、法兰西的伊莎贝拉、加韦斯顿三人正在英格兰北部的纽卡斯尔。贵族们在此地发起了进攻，想要抓住加韦斯顿。然而，爱德华二世与加韦斯顿两人都成功地逃脱了。加韦斯顿逃到了一座城堡，把自己关在里面。爱德华二世从海上逃离，留下了自己的王后，任由叛军摆布。不过，贵族们对王后非常尊敬，并没有为难她。他们继续追捕加韦斯顿，围攻他避难的城堡。发现坚持不下去时，加韦斯顿决定，在自己还有谈判资本时向他们投降。双方约定，贵族们绝不会伤害加韦斯顿，只是监禁他，而监禁的地点也会选在他自己的一座城堡里。

当加韦斯顿签完协议走到城堡的院子时，他发现，被他称为"亚丁的黑狗"的沃里克伯爵正等在那儿。沃里克伯爵的身后站着一支庞大的军队，他立刻收押了加韦斯顿，率军一路向自己的城堡狂奔而去。

把加韦斯顿安全地带回沃里克城堡后，首领们召开了战时会议，讨论如何处置这个囚犯。当他们正打算按之前的约定免他一死时，有人喊道："费了那么大劲儿才逮住的狐狸，如果让他跑了的话，得费上更大的力气才能把他抓回来。"

此话一出，他们顿时产生杀意。尽管加韦斯顿不停地哭喊求饶，但他们还是把这个惊恐的囚

沃里克城堡

犯带到了离城堡一两英里①之外的一个僻静的地方，在路边的一座小山上砍下了他的脑袋。

人们可能会认为，此时此刻爱德华二世应当幡然醒悟，但事情并非如此。一开始的时候，他为加韦斯顿的死感到万分伤心，等最初的伤痛过去后，随之而来的，是更加痛苦的复仇的念头。他立刻站到了这些叛军的对立面，一场激烈的内战爆发了。之后，爱德华二世立刻又找到了新的宠臣，更准确地说是一对父子。在历史上，他们被称作"斯宾塞父子"或"德斯潘塞父子"。一方面，爱德华二世和他的宠臣经常发生矛盾和争吵；另一方面，贵族之间也经常发生矛盾，甚至战争。这种情况一直持续了好几年。王后法兰西的伊莎贝拉和贵族们站在一起，反对自己的丈夫爱德华二世和斯宾塞父子。她跑到了法兰西，和一个前来投靠她的叫罗杰·莫蒂默的年轻贵族关系亲密。此后，罗杰·莫蒂默就一直陪

---

① 1英里≈1609.34米。——编者注

伴着她,和她一起跟爱德华二世为敌。他们两人组织了一支军队,从佛兰德斯出发,经海路抵达英格兰。登陆后,她号召贵族们加入她的军队,一起反对她的丈夫爱德华二世。爱德华二世再次战败,逃到了一条船上,想从海上逃走。斯宾塞父子相继被捕,被吊在五十英尺[①]高的绞架上处死。他们是穿着盔甲被吊死的。在他们死后,人们按照叛国罪处理了他们的尸体。

在此过程中,贵族们召开了集会,正式宣布,由于爱德华二世外逃,他已经自行放弃了王位,并宣布立十四岁的威尔士亲王爱德华为王,即爱德华三世。这时,在海上逃亡的爱德华二世正在风暴中颠簸,几天后,他被冲到了南威尔士海岸。他在大山里藏了几天。人们一直在追捕他,直到他因缺衣少食、病痛交加而陷入绝望,自己出现在敌人的面前。

他被俘后立刻被送到了凯尼尔沃思堡关

---

① 1英尺≈0.30米。——编者注

押，并接受了审判。人们指控他好逸恶劳、碌碌无为、胆小懦弱、行事残忍、欺压百姓。正是由于他的这些恶行，导致国家弊政横流，治理不善，已经接近崩溃的边缘。他被定了罪，他的妻子法兰西的伊莎贝拉王后亲自确认了这项裁决。

议会并不敢肯定，通过这种方式废黜爱德华二世是否完全合法，所以他们郑重地派出一支代表团去凯尼尔沃思堡罢免爱德华二世。爱德华二

凯尼尔沃思堡

世被带到一个大厅里,他穿着一袭简单的黑色长袍,见到了代表团成员。他们宣布,他已经被废黜,他的子民也不会再效忠于他;此后,他就是一介平民了。宣布完这项决定后,城堡里的管家走出来折断了他的白色权杖,以此表明服务终止。他宣布遣散所有仆人,让他们恢复自由之身。这往往是在国王驾崩后才有的仪式,而在当时的情况下,则被看作是他统治的结束。

代表团成员强迫爱德华二世自己让位,因为爱德华王子不愿意继承王位,除非他的父王爱德华二世自动退位并放弃自己的权力。这些成员也希望能彻底并永久地废除爱德华二世的权力,因为他们担心,可能会有一支支持爱德华二世的势力隐藏在什么地方,一旦积蓄好力量后,他们就会跳出来公开打击他们。如果战败的话,在场的所有人都会无一例外地因叛国罪而被绞死。

事实上,不久,确实有部分人对爱德华二世表现出同情。他的王后法兰西的伊莎贝拉在战时与他对立,现在又和她的宠臣罗杰·莫蒂默在一起。因为爱德华三世年纪尚幼，王权基本完全控制在这两个人的手里。当时，许多修士与神父都公开宣称，法兰西的伊莎贝拉罪孽深重，因为她为了另一个男人而抛弃了自己的丈夫。他们认为，法兰西的伊莎贝拉应该离开罗杰·莫蒂默，去监狱里陪伴自己的丈夫爱德华二世。不久就有流言传出，说有人开始组织营救爱德华二世。这引起了贵族们的警觉。王后法兰西的伊莎贝拉和其他一些人给城堡的主人写信，措辞严厉地指责他们对待囚徒过于温和。这位失势的国王在城堡间不停地被转移，直到最后来到了伯克利城堡。罗杰·莫蒂默和王后法兰西的伊莎贝拉之所以这样做，是希望某个城堡的主人能够猜出他们的意图，杀了爱德华二世，但他们一直未能如愿。伯克利城堡的主人同情这名囚犯，并没有杀死他，反而比任何人对他都宽容。因此，在等了一段时间后，罗杰·莫蒂默抓住了伯克利勋爵离家外出途中因病耽搁了几天的机会，派格尼和奥格这两个凶残成性的家伙去刺杀爱德华二世，并

伯克利城堡

要求他们尽量做得看起来像是自然死亡。他们下过毒，也试过其他许多残忍的办法，但无一成功。有一天晚上，爱德华二世的房间里传出了可怕的叫喊声、呻吟声和因极度痛苦而发出的尖叫声。叫声持续了很久，整个城堡和镇子上的大部分地方都能听见。罗杰·莫蒂默派去的刽子手终于用一种无法描述的残忍手段，杀死了爱德华二世①。镇子里和城堡里的人都很清楚这可怕的叫声意味着什么。他们对这样的行为充满了恐惧，不停地向上帝祷告，希望上帝能收下这可怜的受害者的灵魂。

之后的两三年，罗杰·莫蒂默和法兰西的伊莎贝拉基本掌握了国家的最高权力。当然，他们是以年轻国王爱德华三世的名义进行统治的，因为他当时还只有十四五岁大。整个王国的古老的贵族家庭私下里都非常憎恨罗杰·莫蒂默。这种恨意最终变成了敌意。有人密谋杀死罗杰·莫蒂默，废除法兰西的伊莎贝拉的权力，让爱德华三世掌权。罗杰·莫蒂默察觉到了这一切，他和法兰西的伊莎贝拉及爱德华三世一起跑到了诺丁汉堡。他们躲在城堡里，并派出重兵把守四周的大

---

① 他们趁他睡觉时用一把沉重的皮椅子压住了他，以此来压制他的叫声。然后，他们通过一只号角，也有人说是一部分小号管，向他的肠子里灌进滚烫的液体。这样就可以利用身体内部的灼烧杀死他，但从外部看不出任何痕迹。尽管他们努力想要阻止他的号叫，但他因极度痛苦而拼命挣扎，大家都听到了他的尖叫声与哭喊声。——原注

门和城墙。

诺丁汉堡坐落在一座小山上，山的一侧有一些采石时留下的白垩石山洞。其中一个山洞的内部有一条地下通道可以直通城堡。城堡本身戒备森严，法兰西的伊莎贝拉要求看门人每晚锁好门后，把钥匙交给她，由她放在床头柜上，自己保

诺丁汉堡所在山上的山洞

管。然而，管辖城堡的长官和蒙塔丘特勋爵——密谋并策划这次事件的主要人物——达成共识，长官将帮助蒙塔丘特勋爵在夜里通过地下通道进入城堡。看起来，罗杰·莫蒂默和法兰西的伊莎贝拉并不知道这条地下通道的存在。他们甚至连那些山洞都不知道，因为洞口都被垃圾和杂草掩盖起来了。

临近午夜时，蒙塔丘特勋爵一行进入了山洞，一路披荆斩棘，终于找到了通道入口。他们全副武装，点燃火炬，顺着阴暗的通道向前爬行，一直到了通向城堡内部的门前。那位管辖城堡的长官已经在这里等着放他们进来了。他们一进入城堡，就在一座塔底和爱德华三世会合。他们把火炬留在了那儿，在爱德华三世的带领下，从一条隐蔽的楼梯进入了一间黑暗的房子。他们蹑手蹑脚地进入房间，听到隔壁的房子里罗杰·莫蒂默正在和他的支持者们商讨事情。等了几分钟后，蒙塔丘特勋爵一行突然冲进了通向大厅的走廊，杀死了两个在门前站岗的骑士后，闯入房间抓住了罗杰·莫蒂默和他的支持者们。

这时，住在隔壁房间的法兰西的伊莎贝拉听到声音跑了出来，她泪流满面，悲戚地恳求爱德华三世——她的"好儿子"——能放过"她最亲爱的朋友，她最爱的表兄"罗杰·莫蒂默。这些阴谋家确实当场放过了他，把他带到了一个安全的地方。然而，很快，他就被判犯有叛国罪并被处以绞刑。法兰西的伊莎贝拉被剥夺了全部财产，囚禁在一座城堡中。她在这座城堡里待了近三十年，最后在孤独中痛苦地死去。

下面的这幅版画描绘了蒙塔丘特勋爵一行进入诺丁汉城堡的地下通道的情景，在现代，这条地下通道被称为"莫蒂默之洞"。

莫蒂默之洞

第 3 章 *CHAPTER III*

黑太子（1336年—1346年）

The Black Prince (*1336—1346*)

理查二世的父亲是著名的威尔士亲王爱德华，在历史上被称为"黑太子爱德华"。正如威尔士亲王头衔要求的那样，他是英格兰国王爱德华三世的长子。黑太子爱德华拥有王位继承权，如果不是他比他的父亲去世要早的话，那么他肯定会成为英格兰国王。因此，当他的父王爱德华三世驾崩后，他的长子理查，也就是爱德华三世的孙子继承了王位，虽然理查当时只有十岁。

黑太子的受洗名叫爱德华，而黑太子的称呼则跟他的盔甲有关。当时盛行按照盔甲的特点来称呼这些骑士和士兵。

作为爱德华三世的长子，爱德华被封为威尔士亲王。他通常被称为威尔士亲王，或是爱德华王子。因为已经连续有好几位爱德华，并且他们年轻时又都是威尔士亲王，所以从历史上看，任何一种称呼都不足以区分他们。由于这位爱德华在当时非常有名，而他又早于自己的父亲爱德华三世去世，且除了威尔士亲王并没有其他头衔足以把他和其他几位爱德华区分开来，因此在历史上他更多地被称为"黑太子爱德华"。

他没能得到比王子更高的头衔,他也并非早夭,他是在四十多岁时离世的。他在还很年轻时就声名鹊起。十七岁时,作为英军的主要将领之一,他在法兰西参加了有名的克雷西战役。

克雷西位于法兰西东北部的索姆河畔。当时,爱德华三世,也就是黑太子爱德华的父亲,宣布由自己来继承法兰西王位。他之所以这样做,是因为他的母亲法兰西的伊莎贝拉是法兰西国王腓力四世的女儿,而此时比他血缘关系更近的其他王室家族都已灭亡,他是现存的血缘关系最近的王室成员。法兰西人当然不想让英格兰国王登上自己国家的宝座。他们立了腓力王子为王,即腓力六世。腓力是除爱德华三世之外与王室血缘关系最近的人,并且他的血统来自父系;爱德华三世,正如他自己宣称的那样,他的血统来自母系。

现在,在法国的部分地区盛行着一部古老的

律法——《萨利克法典》[①]。这部法典规定，女性子女无权继承父辈的财产。这一规定最初适用于对私人财产的继承，后扩展到对权力、头衔的继承，并最终涉及王位的继承问题。事实上，当时的人们把对一个区域或王国的统治，也看作是一种财产，只能由父亲传给自己的子女，其他人是无权过问的。

《萨利克法典》之所以被应用于王位继承问题，并不是因为女性不具备治理国家的能力，而是因为如果女儿和儿子同样享有继承权的话，那么王位就有落入外人之手的危险。王室的王子们一般都会留在自己的国家，就算他们结婚，也是娶回一位外国公主，和他一起生活在自己的国家。而公主们长大后很有可能嫁给一位外国王子，被带去王子生活的地方。这样一来，如果这些公主享有继承权，尤其是继承权还可以传给她们的子女的话，那么法兰西王国就有可能落入外

[①] 《萨利克法典》在历史上很有名。在古代由它引出的问题导致了无数场战争。它的名字来自最早使用它的萨利克人。——原注

族王子、继承人或是统治者的手中。

这正是爱德华三世遇到的情况。当时,《萨利克法典》还未完全确立,爱德华三世坚持不承认它。一方面,他宣称王位应当从法兰西的伊莎贝拉那里传给他;另一方面,法兰西人则坚持认为,腓力才是最有资格的直接继承人,他的头衔是从父系继承的,他才是当之无愧的法兰西国王。

在这种情况下,为了得到王位,爱德华三世举兵入侵法兰西。这场战争持续了数年之久。在此期间,爱德华三世曾多次远征法兰西。

在其中的一次征战中,他任命自己的儿子——十七岁的黑太子爱德华为将军,领兵出征。这位王子是一位十分英俊的年轻人,个子高大,身材魁梧,并且他的思想比同龄人更加成熟。他和蔼可亲,举止谦虚,深受士兵的喜爱。

运送军队的舰船停靠在一处海岬后,英军从登陆点开始横穿整个法兰西,直到塞纳河畔。他们沿途占领了许多城镇,抢夺了许多财物,所经之处都成了废墟。

英格兰大军就这样一路前行，最后抵达重镇鲁昂前的一条河边。鲁昂在河的东岸。到达后，爱德华三世发现法兰西军队已经摆好了阵势。河面上原本有一座由小船连成的浮桥，爱德华三世本打算由此渡河。然而，到了岸边，他才发现小桥早已没了踪影。法兰西国王腓力六世派

鲁昂

人毁掉了这座浮桥。爱德华三世指挥军队沿河而上，在西岸和南边寻找机会渡河。当爱德华三世到达河边时，腓力六世也出现了，他命人在爱德华三世的军队到达前，破坏了所有桥梁。两支军队就这样分别沿着两岸前进，直到他们抵达巴黎市郊。英格兰人烧毁了沿途所有阻碍他们的东西。双方在巴黎附近做了大量的部署。在此期间，爱德华三世在普瓦西利用一座腓力六世没有完全摧毁的桥梁设法过了河。当腓力六世正全力回防遭到爱德华三世威胁的首都巴黎时，爱德华三世迅速回兵，占领并修复了大桥，赶在腓力六世返回前顺利渡河，抵达东岸。

双方军队一路疾行，直奔索姆河。腓力六世抢先赶到。他穿过亚眠，沿东岸顺流而下，破坏了河面上所有的桥梁。当爱德华三世赶到河边时，发现已经没有可以过河的桥梁。他在多处尝试渡河，但都失败了。这时，他的军队在不断减少，而腓力六世的队伍在快速地壮大。腓力六世把军队分成了两部分。一部分被派去把守索姆河以东，阻止英军渡河；另一部分则随着腓力六世回到了索姆河以西。他们尾随爱德华三世的军队顺流而下，一直到了入海口附近。爱德华三世一直到瓦斯蒙，才发现自己已经被腓力六世的军队围困在河海交汇处的一角，情况十分危急。因为所有桥梁都被毁了，爱德华三世只好派出侦察兵寻找可以渡河的浅滩，但都无功而返。于是，爱德华三世命人把所有俘虏都集合起来，告诉他们，只要有人告诉他哪里有可以渡河的浅滩，他就放了那个人，还会给他一大笔钱。他认为，如果这附近有浅滩的话，那么这些当地人肯定知道。一个叫戈宾的农民告诉他，在河流下游有一个叫布兰奇塔克的地方，那里离索姆河的入海口很近，水位会受到潮汐的影响，退潮时军队可以从那里涉水渡河。

当时是傍晚时分，爱德华三世一直未能入眠，他担心腓力六世会突然出现在他面前。他半夜就起来命人吹响号角，把所有人都召集起来。所有将领都处于警戒状态，年轻的爱德华王子也在其中。营地里四处都是人，一片忙碌喧嚣的景象。天刚一破晓，他们就在戈宾的带领下出发了。戈宾被士兵们围在中间，一旦他找不到之前说的浅滩，就会立刻被这些人剁成肉泥。虽然他们到达时正赶上涨潮，但戈宾还是找到了那处浅滩，只不过要等退潮后才能通过。爱德华三世不得不继续等待，他一直处于一种胶着的状态，担心腓力六世会追上来，这样的话，他的处境将会变得非常糟糕。

潮水终于退了下去，爱德华三世命令军队立刻过河。然而，当士兵们走到河中间时，他们迎头碰上了驻扎在对岸的法军。双方在河里展开了一场殊死搏斗。最终，爱德华三世冲出一条血路，打败了法兰西军队。

为了渡河，英军已经花费了几个小时。他们的时间所剩无几，马上又要涨潮了。正在此时，腓力六世的军队又出现了。一切都太晚了，英军已经没有时间让所有人都渡过浅滩了。爱德华三世和主力军队顺利逃脱，但仍有一部分后续军队没能及时渡河，落入了腓力六世的手中，这些人有的被俘，有的被杀。

年轻的爱德华王子和父亲爱德华三世都为这次幸运地脱逃而感到高兴。登陆时的那场胜仗也极大地鼓舞了士气。最终，爱德华三世决定不再继续撤退，他打算选择一个合适的位置排兵布阵，只要腓力六世敢追过来，就和他大战一场。他选择了克雷西的一座小山。腓力六世很快就追了上来，战斗打响了。就这样，一场重大的战役在克雷西拉开了帷幕。

在这座小山的一处斜坡上，爱德华三世的士兵沿着山坡一字排开，他自己则带着一支庞大的卫队站在山顶。他把指挥战斗的权力交给了他的将领和骑士们，当然也包括他的儿子黑太子爱德华。虽然当时他只有十七岁，但仍被安排负责一条重要的战线。

法兰西国王腓力六世率领大军向爱德华三世的营地前进。他十分自信，认为只要见到爱德华三世，他就可以立刻将其击败。法兰西的军队数量庞大，而英格兰军队则相对较少。虽然腓力六世在人数上占有优势，但他的军队军纪散漫。庞大的军队绵延几英里，当先头军队到达爱德华三世的营地后，指挥官们想让军队停止前进，但后面的军队一拥而上，场面极其混乱。此时，腓力六世的将领们又因进攻时间的问题而产生了分歧。一部分人主张立即出击，而另一些人则主张休整一夜，因为士兵们经过长途跋涉，早已疲惫不堪了。

腓力六世的军队中有一队热那亚弓箭手。他们使用的是十字弓——一种非常沉重但杀伤力很强的武器。这支队伍的指挥官希望明天再出击，因为士兵们当天扛着十字弓走了十八英里，已经精疲力竭。然而，腓力六世因他们不愿立即投入战斗而非常生气。

"看看吧，"他喊道，"看看我们雇佣的这些无赖有什么用，他们只会在需要他们时拖后腿。"

热那亚人对此感到非常愤怒，但他们还是按照命令列好了战斗队形，向拉弓箭的车走去。一位法兰西将军率领一支装备精良、凶猛好战的骑兵和他们一同出发。

在准备战斗的过程中,一片乌云出现在空中,整个天空很快就暗了下来。一时间狂风大作,一大群乌鸦号叫着从空中飞过。雨很快就下了起来,雨势瞬间变大,像是浇下来一样。很快,所有人都被淋透了,他们没有任何可以避雨的地方,只好冒雨继续准备战斗。

大概5点的时候,天空终于放晴了,战斗也即将打响。热那亚弓箭手和法兰西骑兵走在队伍的最前面。这时,一直按兵不动的英格兰军队突然发起了袭击,大量的弓箭排山倒海般射向法兰西军队。法军很快乱了阵脚,陷入一片混乱。英格兰士兵们手握嵌着匕首的长棍冲向法兰西骑兵,他们用匕首猛刺法兰西人的战马。马匹吃痛受惊,调转马头,在热那亚人中四处乱窜,踩翻了许多人。热那亚人看到这番场景后更加犹豫,他们开始朝后方撤退。带着其他军队赶上来的腓力六世非常愤怒,他大喊道:"给我杀了这

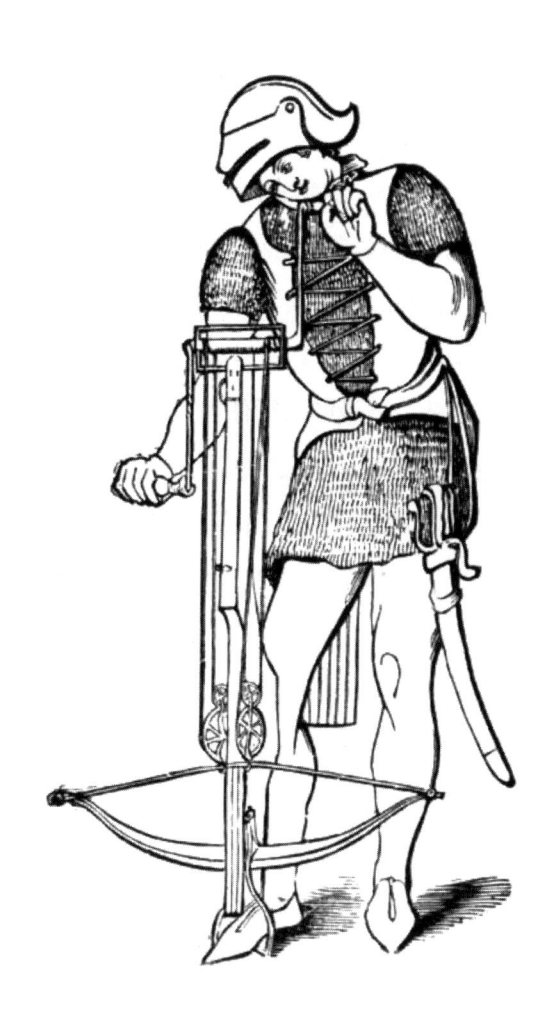

热那亚弓箭手

些无赖，他们只会挡路，一点儿用都没有。"

场面因此变得更加混乱。此时，英军在爱德华王子和其他将领的指挥下正在缓慢、稳步地向前推进，他们连续不断地向法兰西人投掷火枪火箭。这时，法兰西军队早已乱成一团。一些法兰西将领在其他方位奋力搏杀，希望能够力挽狂澜，扭转局势，但没能取得任何效果。

年轻的英格兰王子爱德华所在地方的战况一度非常激烈。通信兵冲上山顶，向站在风车旁观战的爱德华三世报信，让他赶快派人去支援爱德华王子。

"我的儿子被杀了吗？"爱德华三世问道。

"没有，陛下。"通信兵回答道。

"他从马上摔下来或是受伤了吗？"爱德华三世又问。

"没有，陛下。"通信兵说，"到目前为止，他是安全的。他正在和士兵们一起战斗，但他被包围了。"

"没关系，"爱德华三世说，"你去告诉

他，他不会从我这里得到任何援助。我希望胜利的荣耀只属于他和那些受我之托照顾他的人。"

战斗又持续了一段时间，直到最后法兰西军队溃不成军，士兵四散而逃。夜幕开始降临，夜色中人们渐渐分不清敌我。一位法兰西骑士跑到腓力六世面前，抓住他的缰绳并调转马头。他向腓力六世说道："陛下，该撤退了。再待下去你只会无端送了性命。留得青山在，不怕没柴烧。"

于是，法王腓力六世带着一小部分将领趁着夜色逃到了附近的拉布鲁瓦堡，希望能在那儿躲一躲。当他们到达时天色已晚，城堡的大门已经关上了。他们不得不大声地召唤堡主。堡主走上城墙，询问下面是什么人。

法兰西国王腓力六世喊道："堡主，把门打开，这关乎法兰西的命运。"

堡主认得腓力六世的声音，于是他命人打开大门，放下吊桥。腓力六世和他仅有的五个随从进了城堡。他们在里面只待了一会儿，喝了一点儿酒，吃了点儿东西就又出发了。在夜色的掩护下，堡主派来的向导带着他们赶往亚眠。亚眠是一个比较大的城镇，城池高大坚固，至少暂时比较安全。

虽然法兰西国王腓力六世自己逃了出来，但他的许多骑士和将领们还在战场上厮杀，直到最终战死沙场。腓力六世的盟友波希米亚国王约翰一世就是其中一位。如果流传下来的有关这场战争的故事是真实的，那么波希米亚国王约翰一世的死便充满了传奇色彩。他本人并不是去参加战斗的，因为他年事已高且双目失明，根本无法参战。他去那儿其实是为了陪伴他的儿子。他的儿子在腓力六世的军队里是一名非常活跃的指挥官，他当时伤势严重，被迫放弃了自己的战场。波希米亚国王约翰一世对于这场战役的结果非常失望，更为儿子的命运感到愤怒，所以他决定，亲自去向英格兰人讨回这笔债。因为他双目失明，无法自己控制缰绳，所以他让两个骑士站在自己左右，然后把三匹马的缰绳绑在了一起。他们就这样一起冲向了战斗最激烈的地方，也就是黑太子爱德华所在的地方，但三个人刚一出现就被杀死了。

爱德华王子为眼前的一幕震惊不已。此后，他将波希米亚国王约翰一世盾牌上的箴言当作自己的座右铭。这句话被刻在三根羽毛饰品上，是德语"Ich dien"，意思是"我服务"。从那天起，威尔士亲王爱德华的臂章上就刻上了这句话，并且他还一直插着那三根羽毛。

战斗结束后，士兵们燃起了巨大的火堆，爱德华三世迎着火光从山顶走了下来。他为这伟大的胜利而满心狂喜，也为儿子的荣耀欣喜不已。他在众将士面前拥抱自己的儿子，亲吻他。他说："我亲爱的儿子，上帝给予你恩典，使你不屈不挠。你不愧是我的儿子，今天的这一切都是靠你自己的努力得到的，你配得上这顶王冠。"

爱德华王子对于这些褒奖表现得非常谦虚。他虔诚地向自己的父王爱德华三世鞠躬，并把今天的胜利归功于其他人而非自己。他这种谦虚大度的态度和他在战斗中表现出来的勇敢、不屈不挠的精神赢得了所有将士的爱戴与崇拜。很快，整个欧洲大陆都知道了他的盛名。

在取得了这场战役的胜利后，爱德华三世继续向加来挺进。加来位于索姆河入海口以北，是一座非常重要的港口城市。爱德华三世包围了加来，但城池坚固，久攻不下。于是，他开始围城，直到加来城弹尽粮绝，不得不投降。爱德华三世对于加来人的顽强抵抗非常恼怒，他声称，要想让他放过他们，必须要有六个重要居民光头赤脚，脖子里套上绞索来见他，他要绞死他们。加来城里有六个居民自愿放弃生命来满足这个残酷的条件。他们来到了爱德华三世的帐前，但爱德华王子的母亲埃诺的菲莉帕王后救了他们一命。爱德华三世非常不情愿放过他们，他嘴上说着"宁愿埃诺的菲莉帕不在眼前，这样就不会干扰他复仇"之类的话，可实际上，他最终还是没能拒绝她的恳求。

爱德华三世率领军队和他的儿子爱德华王

子、王后埃诺的菲莉帕一起声势浩大地向加来行进。进城后不久，埃诺的菲莉帕就生了个女儿。按照她的出生地，这位小公主被称为"加来的玛格丽特"。

除了妹妹加来的玛格丽特，爱德华王子还有一个出生在欧洲大陆的弟弟，叫约翰。因为他出生在根特，所以被称为"根特的约翰"，或是按照英国历史学家的习惯被称为"冈特的约翰"。

在英格兰人占领了加来后，英法两军间又发生了多场战役，双方互有胜负。虽然恨意犹存，但双方都已筋疲力尽，无力再战，最终签署了停战协议。停战后也并非太平盛世，大大小小的战斗仍在发生，转眼间就过了许多年。在这段时间里，黑太子爱德华作为英军的主要将帅表现突出。他已长大成人，像那些好战分子一样，他的生活充满了劫掠与杀戮。他有胆识，对朋友慷慨大方，对已臣服的敌人宽宏大量；在战场上，他更是英勇善战，所向披靡。黑太子爱德华成了那个时代最有名的骑士。

第 4 章　*CHAPTER IV*

普瓦捷战役（1356年—1360年）

The Battle of Poictiers (*1356—1360*)

随着时间的流逝，法王腓力六世驾崩，约翰即位，称约翰二世。在约翰二世统治期间，时年二十五岁的黑太子爱德华率领一支庞大的军队从英格兰出发，入侵法兰西南部和西部地区。他的第一个目标就是位于法兰西南部海岸，坐落在加龙河和比利牛斯山脉间的加斯科涅。

他从伦敦到了普利茅斯，大批的舰队已在此集结。许多贵族装备精良，将和他一起踏上征途。他们都对这次远征满怀期待，希望能在这位大名鼎鼎的、有着卓越军事才能的将军麾下，建功立业，光耀门楣。

停在普利茅斯港整装待发的舰船多达三百艘。为了等待合适的风向和天气，远征的队伍在港口耽搁了很久。终于，最佳时机到来了。远征的队伍登上舰船，舰队在万众瞩目下起航。人们从四面八方赶来，争相目睹这壮观的场面。

当时的船体积并不大。从一些流传下来的图片中可以看出，它们的造型都比较奇特。

爱德华王子的舰队顺利抵达法兰西海岸，在

古代英格兰的船舶

加斯科涅安全登陆。之后他立即带领军队向东挺进，一路烧杀劫掠，无恶不作。平民百姓无故遭殃，但他们对此无能为力。对于他们而言，谁做国王都是一样的。他们每天安静地工作、生活，直到突然有一天，战争打破了他们宁静的日子。没人知道到底发生了什么事情，战争就毫无预兆地爆发了。侵略者的军队来势汹汹，或如瘟疫爆发，或如狂风过境，或如大火燎原一样迅猛异常。百姓们被赶出了自己的家园，四散逃亡，恐惧且绝望。爱德华王子因他的慷慨大方、宽宏大量而享有盛誉。不过，他的慷慨与宽容只是针对那些骑士、贵族或是像他一样的王子们而言的，因为只有对他们展现出这样的美德，才能为自己赢得良好的声誉。

就这样，爱德华王子横扫了整个法兰西南部。一位负责他起居的骑士从波尔多寄了一封信到英格兰。在信中，他是这样描述这次远征的："整整八周，我的主人横扫敌国的土地，中间只休息了不到十一天。这场战争是针对法兰西国王约翰二世的，可以肯定地说，他此前绝没遭受过如此的重创，因为这次被摧毁的城镇每年缴纳的军需比半个法兰西缴纳的还要多。"

在大肆破坏了南部海岸后，爱德华王子挥兵北上，直捣法兰西心脏。他所到之地，大军过后，满目疮痍。英军过境了法兰西中部两个重要城市——奥弗涅和贝里。爱德华王子的军队规模并不大，只有八千人左右，但非常强悍。他率领军队缓慢谨慎地前进，因为英军的军需完全依靠他们自己从国内带来的补给。他们从一个城镇慢慢地转移到另一个城镇，尽量避免长途行军和频繁战斗。这样一来，士兵们就不会过于疲惫。当时的一位史学家这样写道："每当到达一座城市，如果城里储备充足的话，他就会逗留上一两天，让将士们休息一下，恢复战斗力。等到要离开时，他们就把烈酒洒在小麦、燕麦、大麦和其他所有没法带走的东西上，付之一炬，让对手无法得到补给。"

当爱德华王子穿过贝里，接近卢瓦尔河

时，他得到消息说，法兰西国王约翰二世已在巴黎集结了大量的士兵准备迎战。当时，约翰二世派出的一支先遣小分队已经到达了卢瓦尔河畔，河上所有重要据点都已被他们控制，戒备森严。与此同时，约翰二世已经率领大部队到了沙特尔，正在全速前进。而爱德华王子的军队则正在一座被占领的城堡里休整。

英军立刻开会讨论下一步的战略方针。大部分人主张不要渡过卢瓦尔河和法军硬碰，而应调头向西，攻占普瓦图，这样就可以在南线打开一条退路，一旦有需要的话，就可以立刻发挥作用。爱德华王子接受了这一建议，指挥军队开赴罗莫朗坦。

法兰西国王约翰二世派出三位有名的骑士带领一支小分队渡过卢瓦尔河。这支小分队由大约三百名骑兵组成，个个身跨骏马，全副武装。他们在英军周围徘徊了数天，寻找偷袭的机会，但没能成功。他们估计爱德华王子打算进入罗莫朗坦，于是偷偷地赶到英军的必经之地——一条偏

罗莫朗坦城堡

僻狭窄的峡谷，并在那儿埋伏了下来。

在这些法兰西骑士安排伏击的同一天，爱德华王子的几位指挥官向他提出，由他们带领一支二百人的小分队先行前往罗莫朗坦侦查，看看大军能否安全通过。爱德华王子同意了他们的提议。不出所料，这些人踏进了法兰西人的埋伏圈。法军非常镇定，藏在暗处没有现身，让英军走进了峡谷。等到英格兰人一过去，法军突然从后面冲了出来，手拿长矛，随时准备冲锋陷阵。

听到身后传来马蹄声，英军转身观望。他们惊讶地发现法军从身后追了上来，自己被法兰西士兵围住了。一场激战开始了。英军虽然在数量上处于劣势，但现在不得不拼死一战，个个勇猛如虎。双方一直僵持不下，难分胜负。此时，英军的主力军队赶到了。法军发现情况不妙，立刻向城中逃窜。英军紧追不舍。空中顿时充满了士兵的厮杀声、盔甲的撞击声和战马飞奔的声音。

他们终于跑到了城门前，所有骑兵、追击者和被追击者，都挤在了一起。法兰西人顺利地接近了一座城堡，他们跑了进去，关上了大门。然而，英格兰人并未在第一时间占领罗莫朗坦城堡。爱德华王子一进城就向城堡里的人传话，要求他们立刻投降，但被拒绝了。于是，他下令让所有人做好第二天一早进攻的准备。

第二天，进攻开始了。战斗持续了整整一天，双方都未能取得胜利。当夜幕降临时，爱德华王子不得不收兵回营。

第三天一大早，所有人都被叫了起来，一轮新的战斗即将开始。太阳升起时，出发的号角响起，新的一轮进攻开始了。爱德华王子此番亲自上阵，这大大鼓舞了士气。士兵们奋力地撞击城门，有的爬上了城墙。此时的爱德华王子怒火冲天，不仅是因为城堡里的人负隅顽抗，更重要的是因为就在昨天，他亲眼看见自己的亲信被城堡里投出的石块击中，倒地身亡。那一刻，爱德华王子就发誓，一定要拿下这座城堡，否则他绝不离开。

虽然他的士兵们已经拼尽全力，但这座城堡依然坚不可摧。英军围在护城河边，不停地向偶有士兵探头的城垛子上放箭。他们用树枝绑成各种各样的浮板，大部分人都半游半漂地过了河。他们开始在墙根处挖洞。墙上的守卫则用大石块砸向他们，一盆一盆地倒石灰，想要烧瞎他们的眼睛。

围城的士兵架起了一种巨大的武器——有点儿像现在支撑大炮的架子。他们利用这种武器向城墙上投掷石块和树干，试图砸倒城墙。这些武器还可以投掷一种极易燃烧的东西——希腊火，而最终扭转战局的正是这种希腊火。希腊火落在城堡的院子里烧了起来，火势太大，里面被围困的人根本无法扑灭，最后不得不投降。爱德华王子彻底摧毁了城堡，囚禁了指挥官，放走了其他人。

处理好这些事情后，爱德华王子继续前进。他知道法兰西国王约翰二世正带着实力远强于自己的大军从沙特尔方向赶来。为了避开他，爱德华王子选择穿过图赖讷前往西边。约翰二世到达卢瓦尔河后，派出多个小分队前往不同的要塞，并命令他们把守所有可以找得到的桥梁。他自己则从布卢瓦过河到了昂布瓦兹，随后又到了洛什。在得知英军正在穿过图赖讷向西前进，希望以此摆脱自己的大军后，他立刻开始全速追击。

这次，他是带着自己的四个儿子一起出征的。他们都还是年轻的小伙子，分别叫查理、路易、约翰和腓力。

最终，双方在普瓦捷碰面了。

这时，住在法兰西阿维尼翁的教皇因诺森特六世感觉危险正在慢慢逼近，于是他派出了一位枢机主教前去调解，希望交战双方能够握手言和。就在双方越来越近，战争一触即发时，这位枢机主教到了普瓦捷。此时，法兰西国王约翰二世正在排兵布阵，准备出击。枢机主教带着一众随从从城内飞奔而出，赶往约翰二世的营地。他全速赶到约翰二世面前，恳求他停下来听他说几句话。

约翰二世同意了。于是，他说道："最尊贵

的陛下，您拥有一支强大的军队，由整个国家的优秀骑士指挥。与您比起来，英格兰人实在是不值一提，他们根本无法抵抗您。您可以按照您的意愿和他们签订协议。与其在战斗中杀了他们，还不如和他们签订您认为合理的协议，饶了他们的性命。这样做不仅能够保护您勇敢的骑士们，还会让人们更加敬重您。因此，我请求您，在您采取进一步的行动前，请允许我前往英格兰人的军营，向爱德华王子说明他面临的巨大危险，看看可以和他达成什么样的协议。"

"很好，"约翰二世回答道，"我没有任何异议。去吧，不过要快点回来。"

枢机主教立刻出发，他骑着马全速奔向英军营地。英格兰人隐藏在灌木丛、葡萄园和树丛之中，这样既不容易被人发现，又有很好的天然屏障来保护自己。枢机主教穿过一条小道，终于在一座葡萄园中找到了爱德华王子。爱德华王子、骑士和全副武装的人正在园中散步，商讨作战计划。

爱德华王子和蔼地接待了这位枢机主教。枢机主教向爱德华王子描述了法兰西国王约翰二世的军队是如何强大，并且告诉他，一旦开战的话，他们将面临灭顶之灾。他敦促爱德华王子出于仁慈，同时为了自己的利益着想，与对方进行和平对话。

爱德华王子回答说，他不反对进行和平对话，如果能够保全自己和军队的荣誉，那么他可以接受和平协议。

枢机主教立刻回去向法兰西国王约翰二世传达了爱德华王子的意思，他恳求约翰二世在明早之前暂时休战，给谈判留点儿时间。约翰二世身边的贵族对这样的建议非常不满。他们急于出战，无法忍受这样的拖延。然而，枢机主教表现得非常迫切，他想要取得和平的意愿是那样强烈。约翰二世最终还是让步了。

"不过，我们不会撤离，"约翰二世说，"我们会一直等到明天早上。如果到那时，我们的条件还没被接受的话，那么我们将会立刻进攻。"

于是,人们为约翰二世搭起了华丽的红色丝绸王帐。士兵们解散后,回到自己的营地休息,只等明日。

当天恰逢礼拜日。这些事情都发生在大清早。接下来的一整天内,这位枢机主教一直奔波于两军之间,传达双方提出的条件,尽力斡旋。然而,他所有的努力都白费了。约翰二世要求爱德华王子按他的要求,无条件交出军中的四员主将,并且整个军队都要投降,成为战俘。爱德华王子当然不会同意。他说,他愿意释放所有法兰西战俘并归还占领的堡垒和城镇,同时承诺七年内不再开战。然而,约翰二世并不满足,他提出,如果爱德华王子和一百位骑士愿意成为战俘,那么他可以放了其他人,并声称这是他的底线。爱德华王子绝对不会接受这样的条件。枢机主教眼见自己的努力付之东流,非常失望,最终放弃劝和,悲伤地回到了普瓦捷。

有一位史学家记录了一件有关这次协商的趣

闻，反映了当时人们的一些思想和行为模式。暂时休战的这一天，当枢机主教奔波于两军之间时，双方的一些骑士不时地从自己的营地里出来，在边界上溜达，看看对方的情况。有时他们会碰面，会有交流，但受休战的约束，双方并没有发生敌对行为。有一个叫约翰·钱多斯的英格兰骑士碰上了一个叫克莱蒙的法兰西骑士，两个人都骑着马，都是全副武装。当时的骑士们都流行在自己的盔甲上做一些特别的设计以示区别。他们往往会在自己的盾牌或者衣服上显眼的位置刻上自己的座右铭，或者别一些小物件。这就是现代军装的起源。

这两个骑士的标志恰巧类似，都是蓝色丝线绣成的被太阳光芒笼罩的圣母玛利亚。克莱蒙发现约翰·钱多斯的标志和自己的非常相似，于是等他走近后就喊道：

"先生，你戴着我的臂章有多久了？"

"是你戴着我的才对。"约翰·钱多斯说。

"你错了。"克莱蒙回答道，"如果不是因为休战的话，我会立刻让你看看它到底是属于谁的。"

"很好，"约翰·钱多斯说，"明天，休战结束时，我会在战场上真刀真枪地解决这个问题。"

随后，两个人怒气冲冲地回到了自己的营地。

第二天一大早，双方都做好了战斗的准备。然而，枢机主教仍不愿放弃努力。他一大早赶到法军营地，希望能够重启和谈。约翰二世蛮横地拒绝了他，命令他立刻离开。约翰二世说，他不会再听取任何虚情假意的协商。枢机主教意识到自己必须走了，让这些士兵去面对自己的命运吧！枢机主教来到爱德华王子的营地向他道别，说自己已竭尽全力，但一切都是枉然的。随后，他回到了普瓦捷。

两军都已做好了交战的准备。法兰西国王约翰二世穿上了象征王室的盔甲，还有十九位骑士和他穿得一模一样，以此来迷惑对手。这是在这种情况下常使用的一种手段。英军在一座小山边的树丛和葡萄园里严阵以待。想要到达他们的阵地，必须穿过一条两边都是树篱的小路。英军弓箭手沿着树篱排开，只要法军试图靠近，他们就会向骑兵军队射出带有倒刺的箭头，立刻就会让对方大乱阵脚，因为这种有倒刺的箭头是不能拔出来的，马匹若被射中会跳起来，掉头冲向后面的军队，最终人仰马翻，乱作一团。这种情况往往是很难逆转的，因为这些骑士穿的铁质盔甲非常重，一旦从马上摔下来就很难再上去了，只能在地上绝望地挣扎，直到有人来救他们。

战斗持续了数小时。出乎意料的是，英格兰人节节胜利。也许是因为他们纪律严明，也许是当时的处境使他们不得不背水一战，还有可能是因为爱德华王子精简了军队人数，营地周围的树篱藤蔓给他们提供了掩护，又或是由于爱德华王子出色的指挥，当然也有可能是所有因素综合起来决定了他们的胜利。战斗的结果是，法兰西人处处被制，阵脚大乱，四散而逃。法兰西国王约翰二世的四个儿子早早撤退了，他们的随从解释说，之所以要这么早撤退，是因为他们担心王子们会被俘或被处死。大队人马被赶到了通往普瓦捷的道路，普瓦捷的居民看见他们后立刻关闭了城门。骑兵、追击者和被追击者，所有人在城门前挤做一堆。在通往城门的路上，人们互相践踏厮杀，死伤无数。在其他方向，双方的士兵也在奋力厮杀，空中全是盔甲的撞击声、喇叭声、胜利者的欢呼声、伤者的尖叫声和濒死的人发出的呻吟声。

最后，和爱德华王子并肩战斗的约翰·钱多斯走到爱德华王子面前，告诉爱德华王子说，他认为战斗已经结束了。

"胜利！"他说，"胜利了！敌人已被打败，全部被赶出了战场。是时候停止战斗并召回我们的士兵了，他们太分散了。我已经视察过战场了，没看到有法兰西旗帜在飘扬，也没看到有稍具规模的法兰西军队。他们整个队伍都被我们打散了。"

爱德华王子下令停战，鸣金收兵。所有人重新在爱德华王子的战旗前集结。他们把旗帜插在爱德华王子身旁的一棵高高的灌木上，随军的乐师站在周围，吹响了庆祝胜利的旋律，而此时，远处的军号声正在召回分散的士兵。

负责爱德华王子起居的官员拿来了用深红色的美丽丝绸做成的王帐，把它固定在地上，又拿出了酒和点心。骑士们、贵族们，还有高贵的勇士们来到了王帐里。爱德华王子赐给他们茶点，接受他们的祝贺。凯旋的骑士们带回了很多战俘，把他们关押起来等着换赎金。

当这些骑士和贵族正在狂欢庆功时，爱德华王子询问，有没有人知道法王约翰二世的下落，但大家都不知道他在哪儿。爱德华王子派出两位可靠的贵族骑着马去战场上打探约翰二世的踪迹。这两位贵族跨上战马出发了。他们先到了一个视角很好的小山包上。爬上山顶时，他们看到不远处有一群士兵正从战场那边走过来。他们都是步行，并且走得非常慢。他们好像特别兴奋，因为他们一直互相推推搡搡，看起来挺奇怪的。事实是，他们抓住了法兰西国王约翰二世和他最小的儿子腓力。他们正要把这两个人带到爱德华王子的帐内，但他们一路上边走边吵，无法决定应该由谁来羁押这两个人。这两个贵族立刻策马下山，跑到跟前询问发生了什么事情。大家告诉两个贵族说，他们抓住了法王约翰二世和他的儿子腓力，还有十几个人据说是约翰二世的骑士和随从。这些人相互争论不休，有的甚至要动手，约翰二世和腓力王子差点儿被他们撕成碎片。这时，约翰二世恳求他们冷静下来，并立刻带他去见爱德华王子。

"先生们，先生们，"他说道，"我求你们停一停吧！请恭恭敬敬地把我和我的儿子送到爱德华王子那里，不要这样粗暴地对待我们。你们会得到一大笔赎金的。"

这些骑士和贵族压根儿就没搭理他，继续大喊道："是我抓住他的。"

"我说过了他是我的俘虏。"

"不，不，是我们抓住的。放开他，他是属于我们的。"

这两位贵族骑着马走到人群中间，把这些骑士都赶了下去。他们以爱德华王子的名义命令他们，放开这些战俘并退后，他们还威胁说，如果有人不服从的话，格杀勿论。两位贵族下了马，对约翰二世表示了深深的敬意后把他和他的儿子护送到了爱德华王子的帐内。

爱德华王子非常友好地接待了这两位王室的战俘。他在约翰二世面前表现得非常恭顺。爱德华王子为法兰西国王约翰二世提供了舒适的生活用品，让人们送来点心，并且亲自端给他，好像他是一位尊贵的客人，而不是无助的囚徒。

虽然有许多英格兰骑士和贵族都声称，是自己抓住了法兰西国王约翰二世，但事实上，真正抓住他的是一个叫丹尼斯的法兰西骑士。丹尼斯以前生活在法兰西，他在一次争斗中杀了人，因此被没收了所有财产并被驱除出境。他来到了英格兰，加入了爱德华三世的军队，最终参加了威尔士亲王，也就是黑太子爱德华的远征。丹尼斯恰巧在战场上碰上了法王约翰二世和他的儿子腓力。约翰二世当时正被一群英格兰人团团围住，他们用英语向他喊话，要求他投降。他们并不想杀了他，而是打算生擒他，然后用他去换赎金。约翰二世不想向下等人投降，所以虽然已筋疲力尽，但他仍坚持抵抗。这时丹尼斯出现了，用法语向他喊话，建议他投降。约翰二世听到自己的母语后非常高兴，他也喊道："我要向谁投降？你是谁？"

"我是一名法兰西骑士，"丹尼斯说，"我被驱逐出了法兰西，现在我在为爱德华王子服务。向我投降吧！"

"爱德华王子在哪里？"约翰二世又说，"如果我能见到他的话，我要和他讲话。"

"他不在这儿，"丹尼斯说，"但你最好向我投降，我会立刻带你去见他。"

于是，约翰二世摘下自己的手套，把它递给丹尼斯，作为向他投降的证明。然而，挤在周围的英格兰骑士都宣称，是自己抓到了他。丹尼斯想把约翰二世送到爱德华王子那儿，但所有骑士都跟着他，一路都在争抢这个囚犯。正在丹尼斯和他们相持不下时，那两位贵族出现了，救出了法兰西国王约翰二世和他的儿子腓力。

当晚，爱德华王子为约翰二世和他的儿子腓力在王帐内准备了丰盛的晚餐。大部分被俘的法兰西骑士和贵族也接到了出席宴会的邀请。约翰二世、腓力王子及一些等级较高的贵族坐在特意摆放在高处的桌子旁，旁边是他们的随从和其他级别较低的骑士。爱德华王子并没有和约翰二世坐在一起，而是坐在随从的位置上。虽然约翰二世一再恳请他不要这样做，但在用餐时，他还是殷勤地为约翰二世服务。他说自己不配和如此伟大、如此英勇的国王坐在一起。

总之，他没有将自己凌驾于法兰西国王约翰二世之上，也没有吹嘘自己取得的胜利。相反，他竭尽全力去抚平这位失势君主的悲伤，以减轻他的痛苦。

他说："陛下，您不能因今天幸运之神没能垂青于您而意志消沉。您今天在战场上的表现已经为自己赢得了不朽的英名。虽然这次天意未能垂青于您，您失败了，但您无须为自己或是您的儿子担心。您要坚信,我的父亲一定会给予您最尊贵的待遇。我确信他会全力照顾您。对于您的赎金问题,他也会非常大度,你们从此以后会成为永远的朋友。"

爱德华王子能够如此仁慈、尊敬地对待俘虏,这给法兰西的骑士和贵族们留下了深刻的印象,他们交相称赞自己的对手表现出的宽宏大量。爱德华王子对待这些骑士也非常慷慨。只要他们答应按照指定的数目送来赎金,爱德华王子就会立刻放了他们。

虽然爱德华王子在战争中取得了胜利,但仍然有许多英格兰骑士被杀,还有不少人被俘,被法兰西人用来换赎金。在这些俘房中,有一个叫道格拉斯的苏格兰骑士奇迹般地逃了出来。一天晚上,在离战场不远的一个地方,法军带着他和其他囚犯躲在那儿。他穿着盔甲站在那儿。法兰西人打算摘下他的盔甲,因为从他华丽的盔甲来看,他应该是一个地位很高的人,他们可以用他换上一大笔赎金。事实也确实如此。这时,另一位苏格兰骑士拉姆塞，突然生气地盯着他，向他走去并尖叫道："你这个可恶的混蛋！你怎么敢穿着主人的盔甲出来？你是不是杀了你的主人，还抢了他的东西？过来给我把靴子脱了。"

道格拉斯立刻明白了拉姆塞的意思。他假装非常内疚和害怕，颤抖着走到拉姆塞面前，脱下了他的一只靴子。拉姆塞拿起靴子朝着道格拉斯的头上就打了过去。其他英格兰人搞不明白是什么情况，质问拉姆塞到底想要干什么。

"这是道格拉斯勋爵。"他们说。

"道格拉斯勋爵？"拉姆塞蔑视地说，"根本不是这样。他是道格拉斯勋爵的仆人。他杀了自己的主人，还偷了主人的盔甲。"说罢，他转向道格拉斯，挥舞着手中的靴子，喊道："滚开，你这个恶棍！去战场上找回你主人的尸体。找到后回来告诉我，我至少可以体面地葬了他。"

他拿出四十先令给了法兰西人，作为这个假扮的仆人的赎金。他又用靴子去打道格拉斯，赶他快走。他说："走开！快滚开！"

道格拉斯耐心地承受了这一切，以冒名顶替者的身份离开，很快就安全地回到了英军的营地。

普瓦捷战役后，爱德华王子带着法兰西战俘继续向西挺进。他们每经过一个大城市都要停下来大摆筵席，庆祝胜利。最后，他来到了位于海边的波尔多。选了个合适的时间后，爱德华王子带着他的战俘起航前往伦敦。同时，胜利的消息和法兰西国王约翰二世被俘的消息已经传到了伦敦，人们已经做好了迎接爱德华王子凯旋的准备。爱德华王子带了许多舰艇和军队，他担心法兰西人会试图拦截并救走战俘。法兰西国王约翰二世和他的随从乘坐一条船。舰队在英格兰南部海岸一个叫桑德维奇的地方靠岸，爱德华王子的随从们从这儿缓慢地向伦敦前进。

凯旋的队伍在伦敦受到了隆重的欢迎，人们还举行了大游行。除了出来迎接他们的贵族、骑士，伦敦各行各业的人也都来了。他们身着不同的服装走在游行的队伍中，手中挥舞着小旗子和其他各式各样的徽章、工艺品等。所有伦敦人都拥向街头，争相观看盛大的表演。

从爱德华王子进城时的安排来看，大家可能会觉得，这场欢迎仪式并不是为了向爱德华王子致敬，而是为了欢迎他的俘虏——法兰西国王约翰二世。因为爱德华王子既没有满怀喜悦地走在队伍的最前面，也没有让法兰西国王约翰二世和他的儿子腓力站到战俘的队伍中去。相反，爱德华王子让他们走在了最荣耀的位置，自己只是站在了随从的位置上。约翰二世骑在一匹盛装的白色战马上，而爱德华王子只是骑着一匹黑色的小马站在他的身旁。队伍就这样走过了主干道，来到了一座位于河岸西侧的宫殿。整个宫殿为了迎接约翰二世的到来而被装饰得富丽堂皇。很快，英格兰国王爱德华三世——爱德华王子的父亲——就来看望自己的俘虏，也是他的亲戚。虽然他以俘虏的身份羁押了约翰二世，但从其他方面来说，他对约翰二世非常尊重与体贴。

法兰西国王约翰二世和他的儿子腓力以俘虏的身份在英格兰待了一段时间。爱德华三世和王后埃诺的菲莉帕对他们体贴入微。他们经常到约翰二世的宫殿去拜访他，邀请他参加各种盛大的活动，以示对他的尊敬。

同时，两国之间仍然战争不断。战斗此起彼伏，许多城镇总是被围攻或者被占领。然而，双方都没有取得决定性胜利。最后，双方都已精疲力竭，终于缔结了和平。约翰二世也在支付了一笔合适的赎金后，和他的随从们一起回到了法兰西。他在伦敦共做了五年的战俘。

爱德华王子在克雷西战役和普瓦捷战役中指挥出色，使英军在处于劣势的情况下以少胜多，取得了战争的胜利。他还俘虏了法兰西国王约翰二世，并把他送到伦敦关押。而在对待战俘时，他又表现得非常宽宏大量。这一切使他名声大噪。每个人都在歌颂黑太子爱德华——英格兰王位的不二人选，大家都在期待着他即位后，英格兰变得更加辉煌与强盛。这种情况似乎指日可待，因为他的父亲爱德华三世已经渐渐老去，而他还不到四十岁，正当盛年。

第 5 章　　*CHAPTER V*

理查的童年（1366年—1370年）

Childhood of Richard（*1366—1370*）

1367年,黑太子爱德华之子理查,后来的英格兰国王理查二世在战争的喧嚣中出生于法兰西西南部城市波尔多。

在第四章中提到的战争结束后,英法两国间终于实现了和平。双方签署的协议中,有一项就是法兰西将西南部诸省割让给英格兰,组成一个新的公国,即阿基坦公国,由黑太子爱德华统辖。此后,黑太子爱德华不再只是威尔士亲王,还是阿基坦公爵。位于加龙河入海口附近的波尔多,是阿基坦公国的主要城市。爱德华王子在此设立了自己的宫廷,数年间一直繁荣昌盛,无比辉煌。阿基坦公爵的盛名吸引了无数的骑士和贵族们前来投靠他。如果有什么重要人物需要洗脱冤屈——有可能是真的,也有可能仅是想象中的,或是需要动用武力来达到某一政治目的,他也极有可能会向阿基坦公爵求助,期望能得到他的帮助。爱德华王子十分乐意接受这些请求,因为他爱好战争更胜于爱好和平。虽然他在对待战败的敌人时表现得非常温和、宽容,但他仍会为胜利给他带来的荣耀与盛名兴奋不已。

在理查出生前六个月,爱德华王子和他的王妃肯特的琼当时正在波尔多。他收到了一个叫佩德罗的人的请求。佩德罗声称自己是西班牙纳瓦拉国王,但被自己的兄弟赶了出来。还有一个叫詹姆斯的人声称自己是位于地中海的马略卡岛国王,他目前的处境跟佩德罗相似。爱德华王子答应帮佩德罗夺回王位,并立刻着手准备。同时,他答应詹姆斯,等佩德罗的事情解决完后,他就派兵出征马略卡,帮詹姆斯回到自己的国家。

为远征西班牙做的准备正如火如荼地进行。佩德罗既没钱,也没人,爱德华王子不得不筹集一大笔钱来供应军需。当时,一旦有战争爆发,贵族们都必须尽可能地从自己的军队和家臣中派出士兵,跟随他们的主人出战。根据领地的人口多少和规模大小的不同,派兵的数量也不等,有的是五十名,有的是一百名,有的是二百名,甚至更多。德布瑞特勋爵——爱德华王子军中的一位贵族——打算带来一千名士兵。在一个公开场合，当着其他骑士和贵族的面，爱德华王子问德布瑞特勋爵能为这次远征提供多少兵力。

"我的主人，"德布瑞特勋爵回答道，"如果您希望我把能带来的士兵全带来的话，我能给您一千名骑马的长矛手，还能留有足够的守军。"

爱德华王子对他的回答感到非常惊讶。看来，他对手下贵族的实力并不了解。

"太出乎意料了！"爱德华王子用法语——当时阿基坦公国的语言——向德布瑞特勋爵说道，"那简直是太棒了！"

他转头和旁边的英格兰贵族用英语说道："一个贵族就可以提供一千个长矛手，能统治这样的国家真是太值了。"如果不接受的话，爱德华王子将会非常羞愧。因为按照当时的做法，他如果不能接受贵族提供的全部军队，将会使人们非常失望。于是，他立刻告诉德布瑞特勋爵，这些士兵他全要了。

如果佩德罗能够成功夺回王位的话，他会返还战争的费用。不过，在开始阶段，还是要靠爱德华王子来筹集资金。很快，爱德华王子就发现，很难筹到足够的军费。他不想加重自己领地臣民的税收。因此，在谨慎地征收了一部分税收后，他派人去英格兰向他的父亲爱德华三世汇报这次出征的原因和构想，恳请他的同意，并希望能够得到资金上的援助。爱德华三世非常赞同这次行动。他还答应，派爱德华王子的弟弟约翰带领一支军队一同出征。这位约翰就是我们此前曾提到过的在冈特出生的那位约翰，他也因此被称为"冈特的约翰"，但人们经常称他为"兰开斯特公爵"。爱德华王子和冈特的约翰感情很好。听说他也要来，爱德华王子非常高兴。

爱德华王子的父亲爱德华三世还决定，给他一大笔钱。虽然这笔钱对他是极大的帮助，但还是不够。爱德华王子甚至把自己的金盘、银盘全部打碎，铸成钱币来充实国库。虽然能做的都做了，但爱德华王子发现，仍然无法筹到足够的钱来购买自己需要的粮食及发放军饷。

在爱德华王子最初做出远征计划时，雨季已经快结束了。他想要尽快出发，因为从法兰西到西班牙必须翻越比利牛斯山脉。冬天一旦到来的话，就没有办法在山上行军了。所以他只能争分夺秒，尽快做好准备。他因各种各样的拖延及持续发生的挫折而狂躁不安。随着时间的推移，最后，他已经不能确定，能否赶在冬天到来前出发了。

更令他烦心的是，他的妻子肯特的琼请求他到春天的时候再出发，这样他就可以一直陪着她，直到他们的孩子出生。她的情绪非常低落，一想到自己的丈夫要在这个时候离开，她就特别伤心。她知道他打起仗来是多么拼命。如果他离开的话，她都不敢确定他会不会活着回来。

最终，爱德华王子决定，推迟到春天再出发。从某种程度上来说，这一决定使他更加窘迫，因为现在有大批军队要过冬，都要靠他来养。现在他必须削减原来的计划。他特别通知了德布瑞特勋爵，让他不要把一千个人的补给都领走。对他而言，在答应了雇佣这些士兵后又这样做，是一件非常屈辱的事情，但他现在是被逼无奈。因此，他给德布瑞特勋爵写了下面这封信。

  亲爱的德布瑞特勋爵：

  出于慷慨，我们接收了您的一千名长矛手参加远征。遵照上帝的恩典，我们本打算立即出发，并在短时间内结束战斗。不过，在充分考虑了这次出征的情况及开销后，我们决定留下一部分军队守卫我们的领土。出于这些原因，战时委员会决定，您只需要提供二百名长矛手参加这次远征，剩下的人就留在原位各司其职。

         愿主保佑你
       12月18日，波尔多
          爱德华

  在用王子的大印盖了戳后，这封信被送到了德布瑞特勋爵手中，此时他正在自己的领地里忙着召集兵力，配发装备，以及做一些必要的准备工作。收到信后他非常生气。当时，只要能拿得起武器的人，都想要去参加战斗，建功立业。他们不愿意留在家里默默无闻地耕种土地。德布瑞特勋爵很清楚，如果他的士兵们知道五分之四的人得留在家里，不能去参加远征的话，他们将会非常失望。此外，由于自己带领的军队人数从一千人减少到了二百人，他在这次行动中的分量也会大大减轻。因此，他在读信时非常愤怒。

"怎么可以这样？"他喊道，"我的主人威尔士亲王要求我遣散八百名骑士。这些人本可以通过其他途径获得荣誉，我把他们召集起来了，现在却要解散他们。这简直是对我的轻视！"他叫来一位书记官，怒气冲冲地对他说道："按我说的写。"

书记官根据德布瑞特勋爵的口述写下了下面这封信。

我尊贵的主人：

我对您上封信中的内容感到万分地惊讶。我不知道，也无法想象该怎么回复您。您现在的命令将会对我造成极大的伤害，并且会使我背上骂名。所有按照您的要求征集来的士兵都已做好了战斗的准备，只等着您一声令下就可以出发了。为了让他们为您服务，我阻止他们去别的地方为自己赢得荣誉和利益。他们中有一些骑士本已打算去海外参战，有去耶路撒冷的，也有去君士坦丁堡或莫斯科的。他们现在取消了原定的计划，就是为了加入您的军队。如果被留下的话，他们将会非常不满。我本人也非常不满，我不知道我做了什么事让您这样对待我。我的主人，我祈求您能够明白，我不能和我的士兵们分开，他们也不会允许相互分离的。我很确定，如果我遣散一个的话，所有人都会跟着一起离开的。

他又说了一些大意相同的话，签上自己的名字，封好后派人送到了爱德华王子那儿。收到这封回信后，爱德华王子也生气了。

"我发誓，"他说，"德布瑞特勋爵居然想要违抗我的命令，我的国家已经容不下他这样的人了。让他爱去哪儿就去哪儿吧！没有他的一千个长矛手，我们一样可以出征。"

而这件事只是爱德华王子在冬季备战时碰到的一个问题。因为军队人数太多，钱才是最大的困难。佩德罗确实答应，在复位后会归还爱德华王子之前的支出，但爱德华王子深知他是一个没有道德的人。爱德华王子提出，他必须得到一些担保才能相信佩德罗。因此，佩德罗留下了他的三个女儿作为人质。这三位公主的名字分别叫碧翠丝、康斯坦斯和伊莎贝尔。

4月3日[①]，爱德华王子的孩子终于出生了，王妃肯特的琼在圣安德鲁修道院休养。现在

---

① 还有一种说法认为是1月6日。——译者注

已是万事俱备，爱德华王子立刻宣布，出兵西班牙。等孩子的受洗礼完成后，他本人也会立刻出发。孩子在礼拜三出生，受洗仪式被安排在了礼拜五中午，在修道院的一个石受洗池内举行。爱德华王子此前曾答应帮助他复位的马略卡岛国王詹姆斯，成了一名教父。孩子被赐名为理查。

爱德华王子在礼拜日挥别了自己的妻子和孩子，带着大队骑兵从波尔多出发，前去与先头军队会合。

理查的出生意义非凡，因为他不仅是阿基坦公爵的儿子，还是英格兰国王爱德华三世的孙子，有可能会登上英格兰的王位。不过，在当时看来，这种情况是不太可能发生的，或者说至少要等上很长的一段时间。因为虽然他的父亲爱德华王子是爱德华三世的长子，但理查并非爱德华王子的长子。他还有一个哥哥，昂古莱姆的爱德华。只有等这三个人——他的祖父、父亲、哥哥——都死了，才能轮到他登上宝座。

而巧的是，这三个人在短时间内相继离

世，理查在未成年前，竟真的成了英格兰国王。

时间回到理查出生后不久，在爱德华王子离开波尔多后，理查和母亲肯特的琼所在的修道院里发生的第一件重要的事情，是迎来了理查的叔叔——兰开斯特公爵冈特的约翰。他带领军队从英格兰出发前往西班牙和爱德华王子并肩战斗。冈特的约翰在波尔多停留，是为了看望王妃肯特的琼和她的小婴儿。他受到王妃肯特的琼和陪伴她的夫人们的热烈欢迎。王妃肯特的琼对于他能去西班牙跟自己的丈夫会合感到非常高兴。此外，他还带来了有关英格兰的最新消息。不过，冈特的约翰并没有在波尔多逗留太久。在短暂地拜访了王妃肯特的琼后，他立刻上马，带兵追赶已经走了很远的爱德华王子。

理查在波尔多生活了三四年的时间。在此期间，他的哥哥昂古莱姆的爱德华是他的玩伴，而他很少见到自己的父亲爱德华王子。过了一段时间后，爱德华王子从西班牙回来了，但情绪低落，满怀焦虑。他成功地击败了佩德罗的敌

理查和母亲肯特的琼迎来了冈特的约翰

人，帮他重新登上了宝座。然而，他没能拿回自己花出去的钱。佩德罗没有能力，或者说就没打算还这笔钱。我们不知道爱德华王子是如何处置作为人质的三位公主的。不管怎么样，他没有为了安抚自己的军队而用她们来抵债，或是用她们来换钱。他打算在阿基坦公国增收新税。这一举动引起了人们的普遍不满。此前跟爱德华王子有龃龉的贵族们，打算利用这些不满来反对他。他们中的一些人联合起来向法兰西国王控诉爱德华王子对他们的压迫，请求法兰西国王派人解救他们。此前因自己的一千名士兵被退回而受到冒犯的德布瑞特勋爵也参与其中。

现在的法兰西国王，已经不是那位被爱德华王子俘虏并送往伦敦的约翰二世了，他已经驾崩。现在的法兰西国王，是他的继承者查理五世。

查理五世打算先派两位特使去请阿基坦公爵爱德华亲自来汇报。他认为，阿基坦是法兰西的一部分，所以从某种意义上来说，爱德华王子应受他管辖。

两位特使带着随员从巴黎出发前往波尔多。当时，人们花在旅途上的时间是非常漫长的。这两位特使在路上耽搁了不少时间，但最终还是到了波尔多。他们在晚上到达，就在一家小旅馆里住了下来。第二天，他们去了爱德华王子所在的修道院。

特使告诉修道院负责接待的人说，他们是受法兰西国王查理五世的派遣，来向爱德华王子传达消息的。负责接待的官员向爱德华王子汇报，有两个陌生人来访，爱德华王子命令把他们带进去。

两位特使被带到爱德华王子面前，恭敬地向他深鞠一躬，并递上了自己的身份文牒。爱德华王子看了文牒，仔细地检查了法王的印鉴，然后向两位特使说："很好。这些东西证明你们确实是法王派来的特使。欢迎你们的到来。现在可以告诉我你们带来了什么消息。"

这两位特使中有一位是律师，另一位是骑士。骑士有一个奇特的名字，叫卡波奈勒·德·卡波纳勒。当然，律师主要负责和爱德华王子交谈。当爱德华王子询问他们带来了什么消息时，律师递上了一份文件，说查理五世要说的话都在里面。律师还补充说，他们从未看过里面的内容，因为他们郑重地承诺过，这份文件只能在爱德华王子的面前打开。

爱德华王子很好奇里面都写了些什么，他命令律师打开念一念。

这位律师念道：

> 蒙主恩赐，法兰西国王查理向我的外甥——威尔士亲王兼阿基坦公爵问好。
>
> 日前，有一些教士、贵族、骑士、教师、学生、本国及加斯科涅的学院及住在王国边境的人士和许多来自阿基坦公国的人们，到我的宫中向我控诉你对他们的种种不公和压迫。虽然你是被人愚弄引诱的，但我们仍对此感到非常震惊。因此，为了消除并更正这样的

情况，我们决定对此事进行审理。我以王室的尊严和权力命令你，亲自来巴黎，在议院听取对你上述迫害行为的审判。

收到传唤后请即刻出发，切勿拖延。

以昭信守，我们已在这份文件上加盖印鉴。

务必于1369年1月21日到达巴黎。

查理

听完信的内容后，爱德华王子既惊讶又愤怒。他一言不发，一直盯着特使，像是不知道该怎么回答一样。最后，他脸上浮现出愤愤不平且讽刺的表情，说道："既然国王派人来请，那我们肯定会按时到达巴黎的。只不过我们会戴着头盔和六千名士兵一起去。"

这两位特使看出爱德华王子非常不悦，立刻请求他不要迁怒于他们，他们只不过是传信的罢了！

"哦，不！"爱德华王子说道，"我一点儿

都不生你们的气,我只是对那些派你们来这儿的人感到气愤。你们的主人,法兰西国王查理五世,这样做极不明智。他不应该假装对阿基坦公国拥有管辖权,也不应该站在那些心怀不满的人一边,来反对他们合法的君主。根据两国签订的条约,当他把这些地区割让给我的父亲——英格兰国王爱德华三世后,他就永久失去了管辖权。据我所知,除了我的父王爱德华三世,还没人能够凌驾于我之上。告诉法兰西国王查理五世,这就是我要说的话,并且我会坚持这一点绝不改变。想要改变它,那就拿成千上万条性命来换吧!"

冷静、坚定地说完这些话后,爱德华王子就走出了房间,留下两个万分震惊的特使面面相觑。他们看起来手足无措,不知道该怎么办。

有大臣走过来,建议他们退下。"没用的,"他们说,"不要再试图做什么了。你们忠实地传达了消息,爱德华王子也给出了他的答案,这也是唯一的答案。你们回去后如实地向查理五世转达就可以了。"

两位特使回到小旅馆，连夜启程赶往巴黎。与此同时，爱德华王子一直对这件事耿耿于怀，怒气难消。他越想越生气，居然会有别国的君主派一个律师到他的地盘上来传召他，这简直是奇耻大辱。他身边的贵族和骑士们也非常愤怒，他们建议把那两个特使抓回来，让他们为如此大胆地传递这样的消息而付出代价。爱德华王子一开始并不同意这样做，因为从古至今，任何一个国家派出的使臣或是信使都是神圣不可侵犯的。不过，最后爱德华王子说，他觉得这两个人极有可能不是法兰西国王查理五世派来的信使。

"他们应该是德布瑞特勋爵和其他叛变的贵族派来的。他们向法兰西国王查理五世控诉我，煽动他干预我们的内政。逮捕并惩治这样的人，并不会使我感到内疚。"

这就够了。听到他这样说后，立刻有骑士派出一支骑兵小分队在两位特使到达边境线前，抓住了他们。为了不损害爱德华王子的名誉，他们并没有说是爱德华王子派他们来的，而是指控这两个人在小酒馆里偷了别人的马。他们以调查这件事为借口，把这两人关在了附近镇子上的城堡里。

有一些跟着特使从法兰西来的随员逃回了巴黎，向查理五世汇报了发生的事情。现在轮到法兰西国王查理五世生气了，双方都开始为战争做准备。

英格兰国王爱德华三世自然是站在自己儿子爱德华王子这边的，他也很快卷入了这场争斗。双方采取了多次军事行动。许多地区受到了袭击，市镇和城堡也未能幸免。不断出现的麻烦和窘境压垮了威尔士亲王爱德华。他失去了民心，国库也入不敷出，并且时运不济，鲜有胜仗。他的健康状况也不容乐观，他开始变得沮丧消沉。屋漏偏逢连夜雨，他的大儿子，也就是理查的哥哥昂古莱姆的爱德华得病死了。在某种程度上，对理查而言，这是一件幸运的事情，因为这样他就成了爱德华王子的长子，拥有了继承权。这也使他离英格兰王位更近了一步。不过，理查当时只有四岁，他还不明白这些事情。他和父母一样，为哥哥昂古莱姆的爱德华的死而感到悲伤。无论如何，第一个孩子的离世让他的双亲万分悲痛，爱德华王子也因此更加消沉了。

最后，医生和顾问都建议爱德华王子暂时离开阿基坦公国，回到英格兰休养一段时间。他们希望环境的改变能让他重新振作起来，也许能够帮他恢复健康。爱德华王子接受了这一建议。他把阿基坦公国托付给了弟弟——冈特的约翰，然后命人备好船，准备送自己和王妃肯特的琼，还有理查一起从波尔多回国。

当所有事情都准备好后，他把所有贵族和骑士们都召集到一个大厅里，在他们面前庄重地把阿基坦公国托付给了弟弟冈特的约翰。

他说，在他做公爵期间，他一直在与敌人斗争以维护阿基坦公国的和平、臣民的财产和权利。现在，因为自己的身体受到了极大的损害，所以他决定回英格兰休养，希望能够尽快恢复健康。因此，他诚挚地恳求他们，要像相信他一样相信他的弟弟——冈特的约翰，忠诚地为他效命，服从他的统治。

所有贵族都庄重地承诺遵守他的命令，他们都宣誓效忠于冈特的约翰。在与大家道别后，爱德华王子上了船，和妻儿一起启程去往英格兰。

为了防止法兰西人在海上拦截舰队，护送爱德华王子的船一共搭载了五百名全副武装的士兵，另外还有许多长矛手。爱德华王子和王妃肯特的琼对此非常担心，但只有四岁大的理查还不知道什么叫害怕。因此，在整个航程中，他都在船上无忧无虑地玩耍，根本不受父母焦虑情绪的影响。

整个航行非常顺利，海面上风和日丽，晴空万里。几天后，舰队顺利抵达南安普敦。爱德华王子带着家人和随员离船上岸。他们在南安普敦休整了两天，大家都希望情况越来越糟的爱德华王子能恢复点儿力气，然后继续向伦敦出发。然而，到了出发的日子时，爱德华王子已经非常虚弱，没有力气搭乘任何交通工具。不得已，随从只能用担架抬着他向温莎城堡出发。

队伍缓缓前行,终于走到了温莎城堡。理查第一次见到了他的祖父——英格兰国王爱德华三世。在温莎城堡稍作停留后,爱德华王子、王妃

爱德华三世

肯特的琼和理查，还有一起从阿基坦公国来的骑士、贵族和随从们一起去了离伦敦二十英里的伯克姆斯特德，并在那儿安定了下来。

这是理查第一次登上这块自己的祖先生活了很久的土地。很快，他便成了这里的统治者。

第6章 *CHAPTER VI*

即 位（1376年）

Accession to the Throne (*1376*)

回到英格兰后，理查和母亲肯特的琼过着相对隐蔽的生活，父亲爱德华王子则病得越来越重。他的身体已经非常虚弱，精神极其消沉，几乎不能参与任何事务了。他的弟弟冈特的约翰在阿基坦又待了一段时间，期间与法兰西又发生了多次冲突，最后也回到了英格兰。冈特的约翰是一个极具人格魅力的人，也是一个充满野心的人。此时，他开始在脑子里盘算，如果他的哥哥爱德华王子去世了，谁将会继承英格兰王位。是他，还是他哥哥的儿子理查？

他想："如果哥哥能活到我们的父亲驾崩后，那么我同意由他来继承王位。不过，如果他死在父亲前面，那么最好由我来即位，因为理查还是个孩子，完全不适合做一个统治者。此外，如果国王的长子死了的话，比起把继承权传给死者的孩子而言，由国王的次子来继承王位将更加合理。"

当时，继承法还未完全确立。因此，在情况不明确时，可以在国王生前由其本人，或是议会，或是国王和议会一起在众多候选者中指定一位继承人。这种做法在当时并不少见。

所有人——国王、议会成员和民众——都认为爱德华王子如果能够比父亲爱德华三世活得更久的话，那么他将是合法的继承人。他深受大众的爱戴，人们都在期盼着一个由他统治的、更加繁荣昌盛的英格兰。

然而，在当时，他的身体每况愈下。1376年，爱德华王子去世。他的死引起了极大的轰动。人们为他举行了盛大的葬礼。爱德华王子去世于距离伦敦西北一两英里处的威斯敏斯特。随着城市的扩张，威斯敏斯特如今已经属于伦敦市区了。爱德华王子将在英格兰东南部的坎特伯雷大教堂下葬。自古至今，坎特伯雷一直是大主教的驻地，也是英格兰主要的宗教城市。举行葬礼的当天，大批士兵在威斯敏斯特集结，宫中所有骑士和大臣都站在送葬的队伍中。遗体被安置在一辆由十二匹骏马拉着的灵车上。人们或拥上街头，或趴在窗边目送送葬的队伍穿城而过。出城后，在士兵的护送下，灵车向坎特伯雷走去，他们将在那里埋葬爱德华王子。他的墓上竖起了一座石碑，上面刻着他身披盔甲的肖像。他正是穿着这身盔甲征战沙场，赢得了无数场胜利，也赢得了万世景仰的赫赫声名。

虽然法兰西国王查理五世与爱德华王子终身为敌，多年来双方冲突不断，但他还是在巴黎为爱德华王子举行了追悼会。

追悼会在王宫的小教堂里举行。所有贵族、骑士都穿正装出席，向他们逝去的敌人致敬。

理查的父亲爱德华王子去世时正值仲夏。当时，他的叔叔冈特的约翰也在伦敦。他虽然在英格兰人气并不高，但仍有大批支持者。那时他还没有公开宣称自己拥有继承权，也没有人知道他有这样的打算。为了防止英格兰在继承权问题上出现分歧，也为了防止冈特的约翰采取任何行动来获取继承权，议会请求爱德华三世把理查带到他们面前来，他们要公开接受他，并正式确立他的继承人身份。爱德华三世接受了他们的请

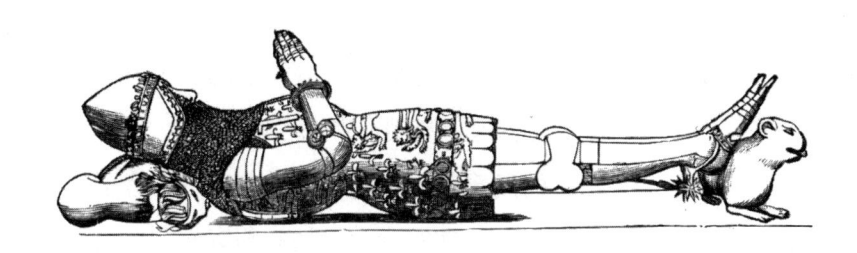

这是黑太子爱德华的雕像版画，跟坎特伯雷大教堂北侧的纪念碑上的黑太子爱德华雕像一样

求。理查穿上王袍，声势浩大地来到了议会集会的大厅。一个十岁的孩子出现在如此庄严的集会上，肯定会引起大家的注意。理查受到了隆重的礼遇。所有出席的人员，包括议会成员、地位较高的贵族都庄严地发誓效忠于他。这其中也包括冈特的约翰。在誓言中，大家确认了理查作为王位继承人的身份；起过誓的人必须永远遵守自己的誓言；议会保留追究制造事端者责任的权力。

在那年的圣诞节，爱德华三世在宫中款待了所有领主和贵族。在宴会上，他让理查坐在自己的下首，然后才是理查的叔叔冈特的约翰和其他叔叔们。这样的安排意味着理查现在是一人之下，万人之上，他的叔叔此后都要臣服于他。

爱德华三世现在已经六十五岁了，他的身体状况也很糟糕，而这种状况，在很大程度上是由他自己不良的生活方式造成的。他和许多腐化堕落的男女混在一起，荒淫无度。春天的时候，身体越来越差的爱德华三世并没有停止他的不良习惯。他住在离伦敦不远的一座位于泰晤士河岸上的宫殿里，离里士满很近。此时的议会已经陷入一片混乱，但他听之任之，放任自流。总而言之，他现在已是昏聩无能，无暇顾及其他事情了。

爱德华三世曾经一度非常宠信一个叫爱丽丝·佩勒斯的年轻女子。他们两人公开同居，这引起了许多人的不满。爱丽丝·佩勒斯现在正在宫中陪伴他。那些曾经追随爱德华三世的贵族和大臣们，在发现他大势已去后，都离开了他，留下他自己接受命运的安排。他们发现，在爱德华三世身上再也得不到更多的好处了，自己的前途将落到理查和他的叔叔冈特的约翰手上。众所周知，理查是王位的合法继承人，但他毕竟还是个孩童。大家估计爱德华三世的次子冈特的约翰极有可能被任命为摄政王，在理查成年前代他治理国家。因此，这些大臣抛下爱德华三世，转而投向那些即将拥有权力的人。有些人去了冈特的约翰的府上，有的人则跑到了理查和他母亲肯特的琼居住的肯宁顿。可怜的爱德华三世发现自己被整个世界抛弃了，孤独无望地等待着死神的降临。据说，爱丽丝·佩勒斯是最后一个离开他的人。她之所以留到最后，是为了得到爱德华三世戴在手上的一枚昂贵的戒指，她想在他临死前失去意识时把它摘下来，这样就不会被发现。

虽然这些贵族和大臣抛弃了爱德华三世，但他们并没有将国家利益抛之脑后。爱德华三世驾崩后，他们立刻聚在一起，决定成立一个委员会，在理查二世未成年前来管理议会。他们从全国地位最高的贵族中选出十二个人，组成了这个委员会。他们之所以这样做，是因为他们很清楚，如果要任命一位摄政王的话，那么冈特的约翰将是不二人选。他们不愿意把权力交到他手中，因为他们担心即使理查二世成年，他也不愿意归还权力。

另外，如果冈特的约翰被任命为摄政王，他极有可能利用手中的权力加害理查二世，而不为人知。如果他选择这样做的话，那么毋庸置疑，他将是下一顺位的继承人。这并非杞人忧天，因为这样的事情在英格兰王室中并不少见。一个人有可能本是一名勇敢侠义的骑士，在所有人眼中是那么纯洁高尚，极具骑士精神；但当他的利益受损时，他就会毫不犹豫地害死他的叔叔、兄弟或是侄子。

爱德华三世驾崩后，权力机构立刻下令封锁了英格兰南部口岸，严禁任何船出海。他们要隐瞒爱德华三世的死讯，以防法兰西国王查理五世得到消息后乘虚而入。事实上，此前就有消息说在爱德华三世驾崩前，查理五世就一直在为远征做准备。在议会稳定下来前封锁消息是非常重要的，否则的话，就有可能给敌人以可乘之机。

部署安排这些事情及爱德华三世的葬礼，都花了不少时日。冈特的约翰还与伦敦市民间发生了一些需要解决的矛盾，此事还一度闹得非常尴尬。事情是这样的：

一提到英格兰宗教改革，就必然要提到约翰·威克里夫这个名字，他是最早对教皇特权提出质疑的人之一。他被称为英格兰宗教改革的启明星，他的著作和事迹散发出来的光芒，宣告了宗教改革的到来。约翰·威克里夫是牛津大学的高才生，广闻博识，熟知教会法与民法。在理查二世的祖父爱德华三世统治期间，国王和教皇就各自在英格兰领土内所享有的权力等问题，发生了分歧。关于这个问题的具体情况，我们在此就不细述了。我们只需要知道，当时英格兰国内形成了两派势力，一派支持教皇，而另一派则站在国王一边。主教和神职人员自然是属于前一派的，而许多大贵族则是后一派。在多次愤怒的争吵后，教皇最终向坎特伯雷大主教和伦敦主教——英格兰地位最高的两位神职人员——下达诏书，要求他们逮捕约翰·威克里夫，并按"异教徒"进行审判。

无论是当时还是现在，教皇的法令都被称为"诏书"。它们必须有教皇的印玺才能生效。教皇的印玺被刻在像纽扣或金属圈一样的东西上，用丝线或是缎带和羊皮纸绑在一起。这种金属圈有时候是用铅做的，这样就很容易把印玺刻上去。有时也会用其他金属，有一份很有名的法

一位大主教在教堂里宣读"金玺诏书"

令被称为"金玺诏书",因为它是用金子做的。

下面的这幅版画是从一本非常古老的书上复制的,描绘了一位大主教在教堂里宣读"金玺诏书"的情景。

收到教皇要求审判约翰·威克里夫的诏书后,坎特伯雷大主教和伦敦主教立刻逮捕了他,并将他押往伦敦。听说他被捕后,他的许多贵族朋友立刻赶到伦敦声援他,阻止主教对他采取过激的行动。这些人中就有冈特的约翰和亨利·帕西男爵。亨利·帕西男爵也是一位贵族。审判在圣保罗教堂举行,约翰·威克里夫要在由神职人员组成的庞大法庭上回应对他的指控。这些神职人员个个身着宗教服装,而约翰·威克里夫身边则站满了穿着战袍前来支持他的骑士和贵族。许多伦敦人都跑来观看这场审判,法庭周围聚集了大量的人。

由于受到神父的影响,伦敦的普通市民都是反对约翰·威克里夫的,他们心怀不满地盯着前来声援他的冈特的约翰和其他贵族。在这场并不怎么规范的审判中，神职人员和贵族间发生了争吵，最终演化成了一场冲突。冈特的约翰威胁伦敦主教说，如果伦敦主教不放规矩点儿的话，他就会拽着伦敦主教的头发把伦敦主教从教堂里扔出去。对一位主教说出这样的话是非常无礼、粗鲁的，尤其是在他受教皇委派，作为一名法官在宗教法庭上进行审判时。伦敦人非常愤怒，他们走出去，号召所有市民都拿起武器反抗这些贵族。到晚间，事态愈演愈烈。第二天一早，一群愤怒的市民就在街头集结，威胁说要向冈特的约翰和亨利·帕西男爵寻仇，叫嚷着要杀了他们。此时，冈特的约翰安排城里的一支军队叛变了。他们越来越激动，朝着萨沃伊宫走去。他们本以为可以在那儿找到冈特的约翰，却扑了个空。如果不是伦敦主教干预的话，他们就会一把火烧了整座宫殿。伦敦主教在听说外面的情况后赶了过来，费了好大力气才阻止了这些民众，保住了宫殿。之后，这些人又去了亨利·帕西男爵的府邸。他们破门而入，检查每个房间，把所有东西都打烂摔碎，然后从窗户里扔了出去。他们发现了一个打扮得很像神父的人，认定这个人是亨利·帕西男爵伪装的，于是当场就杀了他。

然而，这个人并不是亨利·帕西男爵，而是一位真正的神父。亨利·帕西男爵和冈特的约翰当时在另一个地方，他们正打算坐下来安静地享用早餐时，通信员上气不接下气地跑进来，向他们汇报了外面的情况。听完通信员的话，他们立刻就逃走了。两人跑到河边，跳上一条小船，一路划到了南岸的肯宁顿，理查和他的母亲肯特的琼正住在这里。这一切都发生在理查的祖父爱德华三世驾崩前。

听到暴动的消息后，伦敦市长和市政官大为震惊，他们对于伦敦市民的过激行为深感意外。二人害怕冈特的约翰会追究他们的责任，他们非常清楚冈特的约翰的影响力和权力，也明白等爱德华三世驾崩后，他将获得更大的权力。因此，他们一起前往爱德华三世养病的里士满，低声下气地为冈特的约翰受到的侮辱道歉，并保证说，会尽全力惩罚这些暴民。然而，爱德华三世此时已经病入膏肓，根本顾不上他们。于是，两人又派人前往肯宁顿向理查示好，表示他们已经准备好，接受理查在他祖父爱德华三世驾崩后即位为王，并代表自己，也代表伦敦宣誓效忠于他。他们希望通过这种方式给理查和他的母亲肯特的琼及其朋友们留个好印象，等他们因为这次暴动受审时，这些人可以手下留情，饶过他们。

我们之前已经提过，这一切都发生在爱德华三世驾崩前。爱德华三世驾崩后不久，理查和母亲肯特的琼就前往里士满，在爱德华三世驾崩的宫殿里住了下来。第二天，有人以理查的名义召唤伦敦市长和市政官去里士满面见新国王，与他们同往的还有冈特的约翰和他的朋友们。双方被允许举行听证会，对之前的事件各抒己见，以期能够合理解决问题。他们得到通知说冈特的约翰同意出席听证会，已经做好了前往里士满的准备。因此，他们也被要求出席。

伦敦市长和市政官一开始很害怕，他们并不

认为，一个十一岁的男孩有能力分辨并裁决这件事。后来，他们又害怕冈特的约翰会利用其作为理查二世叔叔的身份，对理查二世施加影响，引导理查二世按他的意愿做出裁决。由此可见，如果他们不参加听证会的话，就会将自己完全置于冈特的约翰的掌控下。犹豫了一阵后，他们最终还是决定去参加听证会。他们提出，无论这件事怎么裁决，决不能对市长和市政官造成任何人身伤害。

理查二世同意了他们提出的条件。双方在指定的日子出现在了里士满。这次审判虽是以理查二世的名义进行，但实际做主的还是那些大臣。这次争端并不难裁决，因为双方都希望能尽快解决问题。这样一来，问题顺利地得到了解决，冈特的约翰和他的朋友们也和伦敦人民重归于好。裁决结束后，双方像是多年的好友一样，并肩走了出去。

这是理查二世统治期间解决的第一件事情。理查二世当时不过是一个漂亮的小男孩。此外，就这起冲突的暴力程度、交战双方的影响力而言，我们不得不承认，争端的解决是一个良好的开端。

第 7 章　　*CHAPTER VII*

加　冕 (1377年)

The Coronation (*1377*)

国王的加冕礼往往会在他即位后推迟一段时间才举行，这并不会造成什么实质性的问题。加冕礼虽然是庄严神圣的，但它对国王的权力没有任何特别的影响。国王在自己的前任驾崩后，就立刻获得了所有权力。为了公共利益的需要，他可以不受任何限制地运用自己的权力。加冕礼不过就是个仪式罢了，根据不同的情况，有可能推后很久，也有可能很快就举行。

理查二世的加冕礼，是在他祖父爱德华三世驾崩后不久举行的。为了防止夜长梦多，尽快确立理查二世的继承权，无疑是最好的选择。理查二世的祖父爱德华三世在1377年6月21日驾崩。举行葬礼占用了几天的时间，之后大家立刻着手安排加冕仪式。加冕礼定在1377年7月16日举行。1377年7月15日，查理二世从伦敦郊外的住地到了威斯敏斯特，他的加冕礼将在这里举行。因为伦敦人希望能在全城举行一场盛大的游行来庆祝新王即位，所以整个庆典被分成了两天——1377年7月15日在伦敦举行游行活动，1377年7月

16日在威斯敏斯特举行加冕仪式。

1377年7月15日一大早,在官员的带领下,贵族们来到理查二世的住处迎接他,护送他参加在城里举行的游行活动。理查二世身着盛装,骑着高头大马,由一位贵族牵着缰绳;另一位等级较高的贵族扛着象征王权的宝剑走在前面;众多的贵族和神职人员骑着骏马,穿着全副盔甲走在队伍中;伴随着庄严的乐声,游行的队伍开始前进了。

此时,伦敦人民也做好了迎接游行队伍的准备。城里的多处水管都被打开了,里面淌着的不是水而是酒。为了纪念这一时刻,人们在城中心建起了一座城堡。这座城堡有四个塔楼,每个塔楼上都站着一位与理查二世年纪相仿的漂亮小姑娘。她们穿着白色裙子,等理查二世经过时她们便洒出大量的金叶子,就像是金色的雪花落在理查二世周围一样。

游行的队伍在城堡前停了下来。城堡两边都有淌着酒的管子,年轻的女孩手持金色的酒杯走了过来。她们在喷泉边盛满美酒,递给理查二世和他身边的贵族们。在城堡的顶上,四座塔楼的中间,立着一尊金色的天使雕像。天使手上拿着王冠,通过一些巧妙的机关,她可以把手伸向理查二世,就好像是递给他王冠一样。这也体现了当时一种非常普遍的思想——君权神授。

在城堡短暂停留后,队伍继续前进。人们挤满了街道,他们的鼓掌声和喝彩声淹没了小号和击鼓的乐声。

游行的队伍穿过伦敦的大街小巷,最后来到威斯敏斯特的王宫门前。王宫的入口处和楼梯两侧站满了欢迎理查二世的骑士和士兵。理查二世在这里下马,走进了王宫。他很高兴庆典终于结束了,因为骑了几个小时马,周围又全是喧闹声、叫喊声和嘈杂声,他实在是筋疲力尽了。

第二天举行加冕仪式。理查二世穿上了王袍,快到中午时被送到了教堂。一队主教和神职人员带领他走向大祭坛,通向祭坛的通道上铺着昂贵的地毯。当神父念诵连祷文和祷告时,理查二世跪在地毯上，大臣、骑士和贵族们则跪在他的周围。祷告结束后，他被带到摆放在高处的装饰华丽的椅子上落座。

一位主教登上位于宏伟的哥特式廊柱前的布道坛开始布道。这次布道的内容是关于国王的责任，解释一位国王在代表人民的议会中应该怎么做，同时告诫人们，应当对国王忠诚，要服从他们的国王。

理查二世对眼前的情景已经非常厌倦，他压根就没听神父布道。此外，他被这么多挤在教堂里一直盯着他看的人，弄得头昏脑涨。他们中有穿着深红色或是金色道袍的主教和神父，还有戴着羽毛的贵族和穿着闪闪发光的盔甲的骑士。布道结束后，轮到理查二世起誓。大主教宣读誓词，理查二世表示认可。誓词宣读完后，大主教依次走到教堂的四角，向人们大声重复誓词，总共四遍。接着，大主教依次询问大家是否会顺从于理查二世，四周的人依次大声回答说他们会服从理查二世。仪式结束后，大主教走向理查二世，再次进行祷告并赐福于他。

接下来是受膏。大主教走向理查二世，脱下他的长袍。同时，四位伯爵在理查二世四周和头顶上围起金线织就的帷帐。在受膏时，理查二世一直待在帐内。大主教脱下他几乎所有的衣服，然后把圣油膏涂在理查二世的头上、胸前、肩膀、手臂关节，边受膏边不停地祷告。此时，唱诗班高唱着《圣经》中关于所罗门王的恩膏的部分。受膏礼结束后，大主教为理查二世披上长袍，并指引他跪下。理查二世照他说的再次跪在了地毯上。大主教和主教们跪在他的周围继续祷告，同时继续吟唱赞美诗。随后，大主教扶起理查二世，为他穿上衣服，佩戴好武器以及象征王权的标志。每为他穿戴上一样东西，大主教都会按照仪式用拉丁文说"收下这件斗篷，收下这条绶带①，收下这把剑"，等等。

理查二世穿上华丽的长袍和斗篷，披上绶

---

① 绶带是一种长条形围巾，底部有流苏。佩戴时将它绕着脖子并从胸部穿过，有一定的象征意义。——原注

带，佩上宝剑，系好靴刺，戴上臂镯，最后套上了一件大披肩。所有这些服装饰品都是按照理查二世的身材加急赶制出来的，非常合身。大主教和宫里专门负责国王服饰的贵族们一起帮理查二世穿上了这些衣物，他们为自己能参与到典礼中而感到无比的荣幸。

着装结束后，大主教手持王冠，用拉丁语祷告并赐福，随后将王冠戴在了理查二世头上。像之前一样，大主教口中仍然说着拉丁语，大意是新王接受了万能的上帝赐予他的王冠，他只需向上帝一人负责即可。

然后，宫中的一位大臣走上前，手中拿着象征英格兰王权的红色宝球。在接受了大主教的赐福后，大臣将王权宝球放在了理查二世的手中。之后就是权杖，在接受了同样的祷告与祝福后，也被交给了理查二世。

现在，理查二世已经得到了所有权力的象征。随后，大主教举起他的手，为他赐福。至此，整个仪式就完成了。主教和贵族们上前向理查二世致意，祝贺他加冕称王，然后将他引回到座位上。

理查二世现在已经疲惫不堪，只想早点儿回家，但在他重获自由前，还有好多程序要进行。唱诗班又唱了一首赞美诗，还有更多的祷告，之后就是奉献仪式。参加仪式的人被引到祭坛前，把自己选择奉献给教会的东西放在祭坛上。理查二世从座位上站起来，手里拿着提前准备好的钱币走到了祭坛前。他先把钱币放在祭坛上，然后是他的佩剑。按照当时的习俗，国王应当奉献出他的剑，以示遵守上帝的意旨，然后捧剑侍从会用钱再把它赎回来。捧剑侍从的职责就是在国王离开教堂时，捧着剑走在国王的前面。

理查二世离开祭坛后，负责捧剑的伯爵走向祭坛赎回宝剑，捧到了理查二世落座的地方。

接下来是冗长的弥撒。此时，理查二世已经非常累了。弥撒后是领圣餐，这是理查二世必须吃的。领圣餐时还有更多的祷告和吟唱，可怜的小男孩甚至开始觉得，这一切永远都不会结束了。不管怎样，整个加冕仪式还是结束了，理查二世终于可以离开教堂回宫了。理查二世实在太累了，他已经没办法自己骑马回去了。人们找来一个架子，让他坐在上面，由四名骑士把他抬了回去。他的叔叔冈特的约翰和亨利·帕西男爵走在前面，后面跟着主教、贵族和大臣们组成的长龙。一回到王宫，他们就直接把理查二世送回卧室，脱下烦琐的行头后，他被安置在了床上。

休息了一会儿后，有人给理查二世拿了点儿吃的。然而，他的麻烦还远没有结束。下午将在王宫的大厅里举行盛大的宴会，并且将一直持续到晚上。在此期间，他必须一直在场。因此，休息了一会儿后，他又穿上王袍、戴上勋章，去了楼下的大厅。在那儿将会有一个伯爵授封仪式。当然，理查二世的顾问们已经决定了受封的人选，也已经告诉理查二世他该做什么。在贵族和大臣们的簇拥下，理查二世坐在王座上，按他们说的一一照做。仪式结束后，大家都落座并开始享用丰盛的晚餐。

他们一直狂欢到深夜,然后又玩了许多当时流行的游戏。大家在王宫的庭院中竖起了一根柱子,柱子顶端立着一只镀金的雄鹰,四周都是流淌着各种美酒的管子,任人取用。人们在龙头边相互推搡,往对方身上泼酒取乐。

第二天还有更多的游行和庆祝仪式。值得庆幸的是,理查二世可以不必出席这些活动了。此时,以理查二世的名义负责管理议会的官员得到消息说,法兰西人不知从什么渠道听说了爱德华三世驾崩的消息,他们已经在英格兰南部登陆,一路烧杀劫掠,无恶不作。议会决定,立刻组织军队前去驱逐入侵者。

理查二世的两位叔叔——冈特的约翰和剑桥伯爵埃德蒙——被任命为他的监护人,直到理查二世成年为止。一些人认为,把理查二世托付给冈特的约翰会非常危险,而另一些人则认为与其忽视他而迫使他与王室公开为敌,还不如给他以尊重,安抚他。

当时的理查二世还是一个可爱的小男孩。英

格兰人民都相信,在接受教育后,他会成为一个品德高尚的、诚实的人,他们都希望他能长久、幸福地统治下去。然而,仅仅二十二年后,他就因自己的恶行而被罢黜。

第 8 章   *CHAPTER VIII*

骑士精神（1378年—1380年）

Chivalry (*1378—1380*)

在理查二世统治初期，除了冈特的约翰，他的另外两位叔叔也起到了非常重要的作用。他们是剑桥伯爵埃德蒙和白金汉伯爵托马斯。

剑桥伯爵埃德蒙，后成为约克公爵。在当时的记录中，他的两个称呼都出现过。

托马斯出生在伍德斯托克宫中，因此也被称为"伍德斯托克的托马斯"。他最初是白金汉伯爵，后成为格洛斯特公爵。

除了这几位叔叔，理查二世还有一个和他年龄相仿的堂弟，这个人今后会在理查二世的生命中扮演很重要的角色。他的这位堂弟叫博林布鲁克的亨利，是他的叔叔冈特的约翰之子。他们当时都差不多十一岁大，确切地说，理查二世十一岁，博林布鲁克的亨利十岁左右。

显然，理查二世因年纪太小，还不能真正掌控国家。因此，所有事务都交由议会和贵族来处理。他的叔叔们努力地想要操控朝政，但总有强大的派别反对他们。因此，除了在议会投票表决，没有其他任何办法可以解决这些争端。投票表决时，各派间你来我往，互有胜负。所有人都在注意理查二世的叔叔冈特的约翰的动向。他是爱德华三世的次子，只比理查二世的父亲威尔士亲王爱德华小。显然，如果理查二世驾崩的话，他就会成为国王；如果他自己死在理查二世前面，而理查二世又在未成年前驾崩且膝下无子的话，那么他的儿子，也就是理查二世的堂弟博林布鲁克的亨利，将会登上王位。如果理查二世未婚且后继无人的话，这位博林布鲁克的亨利也将是最有资格的王位继承者。因此，他现在也是除了理查二世外，全国最重要的人了。当然，还有另外一个孩子也拥有继承权，他就是理查二世的叔叔莱昂内尔的外孙马奇伯爵罗杰·莫蒂默。不过，他当时还小，并且后来也去世了。于是，博林布鲁克的亨利成了唯一的继承人。

有意思的是，一两年后，法兰西国王查理五世也驾崩了，由他十二岁的儿子查理继承了王位，即查理六世。他在法兰西的加冕礼甚至比理查二世的还要声势浩大。现在，英法两国对王位的继承问题和议会的希望与担忧,都集中在了这三个十几岁的孩子身上。

理查二世和他的堂弟博林布鲁克的亨利一开始就是竞争对手。理查二世和朋友们一直猜忌博林布鲁克的亨利和他的父亲冈特的约翰,总是觉得他们很希望理查二世死去,这样的话,他们就能取而代之。在王室中,家人间是没有、也绝不会有真正的友谊的。其他贵族王公有的支持这方,有的支持那方。理查二世和博林布鲁克的亨利都还太小,他们根本就不明白这些事情,但这些贵族和大臣拉帮结派,相互之间猜忌不断,充满敌意。

此时,法兰西开始反击,准备侵略英格兰。有一次,法兰西军队在怀特岛登陆,烧毁了许多村庄和城镇。他们向那些较大的城市勒索大笔钱财,威胁说如果不给钱的话,他们就一把火烧了市民的家园。这些市民只好凑钱给他们,然后法兰西军队就在伦敦军队到达前,从海上逃之夭夭。

法兰西人不仅自己在南边侵略英格兰，他们还煽动苏格兰人从北方进攻英格兰。

当时，苏格兰与英格兰的普通民众都处于一种愚昧无知的状态。贵族、骑士及士兵都看不起那些手工业者。在农村，大部分从事耕作的都是农奴或者奴隶。他们被傲慢自大的主人买进卖出，随意处置。在城里，虽然小手工业者和商人们更加独立，但贵族、骑士及那些自认为是绅士的人看不起他们。直到现在，英格兰的贵族们还是看不起这些人，认为他们是低下的人，干的都是些低级的、不体面的差事。然而，手工业者的人数和财富在快速增长，他们开始对公共事务有了自己的见解，想要表达自己的意见。他们对下议院有较大的影响；议会在很大程度上是依赖于下议院的，并且依赖的程度越来越高。国王或是以国王的名义管理议会的大臣，可以按自己的意愿发动战争，任命指挥官。然而，没有下议院的同意，他们不能征税。因此，在进行任何大的行动时，他们对普通民众的依赖性也越来越大。

从理查二世即位后的两三年开始，公众对公共事务的管理状况越来越不满意。比如，理查二世的叔叔聚敛了大笔资金，全部投进了与法兰西间的战争，但几乎每场战争都以失败告终。民众认为这些贵族没能正确地处理国家事务，导致所有钱都被浪费了。有的贵族则把大笔的钱花在自己身上。在一次从英格兰南岸出海远征时，负责指挥的贵族用二十五只船装满了财物和行李，还有仆人、随从。他有五十三套全新的用金线织就的衣服，价格不菲。然而，舰队失事了，所有这些财物都葬在了大海中。

有贵族和骑士声称，法兰西的布列塔尼和阿基坦是自己的领地。为了他们自己的利益，英格兰多次向这两个地区开战。虽然提供军费的英格兰民众压根儿就不关心战争的结果，但最糟糕的是，这些战争没有任何结果。一会儿这方占领了某座城镇，一会儿另一方攻克了一座城堡。下面这幅版画表现的，就是一次攻城战的情景。它是从一幅古画上复制下来的，真实地反映了当时

一场攻城战

的盔甲的样子及作战方式。正如图中表现的一样，当时想要攻入城堡或是一座坚固的城池，唯一的办法就是踩着梯子登上墙头，战胜上面的守兵。有时围城的一方确实会选择挖墙脚，把墙挖塌后找到一个突破口。他们在挖的时候，先用柱子和木桩把墙撑起来，等挖洞的人撤回来后，用事先绑好的绳子把柱子和木桩拽倒，这样整堵墙就会倒下。

有时他们也会用一些大型的器械来砸碎城墙。在理查二世统治早期，在一次出征法兰西的战争中，冈特的约翰使用了一种叫"发射机"的武器。这种发射机由不同的部件组成，在距被围攻的城池较远的地方，只要有合适的光线和柴火，就可以把它放在大车上拉出来。组装完成后，它可以抛出巨大的石块，有的可以在城墙上砸出一条通道，有的直接穿墙而入，有的从天而降砸穿屋顶。这些抛出的石块还能砸死好多人。发射机还可以为许多人提供掩护。士兵们可以藏在里面，到达指定地点后，就从上面跳下来开始挖墙或是搭设云梯。冈特的约翰曾经造了一架可以掩护一百人的发射机。

此时火药虽然已经得到了应用，但效果并不理想。据说，在围攻法兰西西北部小镇圣马洛时，冈特的约翰带了四百门大炮，但没有起到任何作用。

和现代战争比起来，这些发生在骑士精神盛行的古老年代的战争，更具个人主义色彩。在那个时代，每位公爵、贵族或是骑士，从某些方面来说，都是独立的个人，他们可以追求自己的利益，维护自己的权利和荣誉。因此，当时讲述战争的故事中包含了许多个人事件和奇遇。和现代战争的记录比起来，这些故事也更加有趣。我来讲两个例子。

在冈特的约翰带着他的四百门大炮围攻圣马洛时，有一位非常著名的威尔士骑士埃文——历史上被称作"威尔士的埃文"——正在围攻一座属于英格兰的城堡。这座城堡叫莫泰坦，坐落在阿基坦公国加龙河边。城堡非常坚固，埃文根本没有办法靠武力攻克它。因此，他把城堡牢牢地围了起来，切断了粮草供应，坐等里面的守卫弹尽粮绝后投降。

城堡坐落在河边，埃文在城堡三面修建了三个碉堡，其中一座就在城堡前靠近河边的一块石头的边缘上。第二个碉堡正对着一个城门，负责控制城门，严禁任何人进出。第三个碉堡修在城堡的下面，也就是城堡底部与河面之间。为了监视城堡的第四个方向，埃文占领了离城堡不远的一座教堂。这样一来，这座城堡就被包围了起来，四面都有人监视。然而，守兵并不打算投降，他们希望在粮草用尽前能有援兵赶到。他们坚持了一年半，即使最后弹尽粮绝，也不愿投降。

威尔士在几年前就已经划归英格兰。因此，埃文作为一名威尔士骑士去跟英格兰开战是一件十分奇怪的事情。事情的缘由是这样的。埃文的家族是被英格兰人的残暴与压迫赶出威尔士的。他的父亲以前是威尔士王子，却被人砍了头。埃文当时还是个婴孩，他的随从救了他，并和他一起逃到了法兰西。法兰西国王约翰二世接纳了他。长大成人后，他就加入了约翰二世的军队。随着年龄的增长，他越来越仇视英格兰人。现在他一门心思地想把英格兰人赶出法兰西。当然，英格兰人认为他是一个叛徒，比起其他法兰西军官来，他们更恨埃文。因为在他们看来，其他人就是敌人；而埃文不同，他是他们的同胞，却背叛了他们。

英格兰人痛恨埃文还有另外一个原因。埃文俘虏了一名英格兰骑士，并拒绝英格兰人提出的任何赎回条件。英格兰人提出，埃文要多少钱他们就给多少钱，或者用一个同等级的法兰西骑士来交换。然而，埃文一意孤行，他不会以任何条件来交换他的俘虏。他把这名英格兰骑士送到了巴黎，关在地牢里。这名英格兰骑士最终在痛苦与绝望中死去。

由于上述原因，英格兰人开始计划暗杀埃文。一个叫约翰·兰姆的威尔士人被派去执行该任务。

约翰·兰姆从英格兰出发，横渡英吉利海峡到了法兰西。他是一个接受过良好教育的人，法语说得非常流利。他告诉法兰西人他是埃文的同胞，要去莫泰坦加入埃文的军队。因此，他走到哪儿都很受欢迎，大家对他非常友善，给予他很大帮助。

到达莫泰坦后，约翰·兰姆就去见了埃文。他跪在埃文面前，说自己是埃文的同胞，专门从威尔士远道而来，要加入埃文的军队。埃文对此毫不怀疑，友好地接待了他，并向他询问有关威尔士的消息。

约翰·兰姆向埃文讲了许多目前威尔士的情况，特别提到了那儿的人们对他非常感兴趣，非常爱戴他。

"整个国家的人，"他说，"都在不断地谈论您，大家都迫切地希望您能回去，都希望您能成为他们的主人。"

这些恭维话深得埃文的欢心，他接纳了约翰·兰姆，并让他跟在自己身边。

之后的一段时间里，莫泰坦的守军和围城的军队发生了一些小规模的冲突。不过，由于守军的力量越来越薄弱，这样的冲突也就越来越少了，直到最后彻底停止。埃文的士兵除了等着饥饿与痛苦迫使这些守军投降，再也无事可做。这些守军也渐渐地放松了警惕，就像是附近没有敌人一样。

天气好的时候，埃文喜欢在早上起来后去城堡前的空地上走一走。和当时的许多贵族、骑士一样，他非常在意自己的着装和外表。这种时候，往往只有约翰·兰姆陪伴着他。空地上有一棵倒下的大树，正好成了一个很好的座位，在那儿还可以环视整个城堡和周围的村庄。他经常坐在那里梳头发，看着城堡里的动静取乐，顺便看看这些守军有没有要投降的迹象。

有一天早上，由于头天晚上非常热，埃文没能睡好，一大早就来到了大树旁。他还没有梳洗，只穿了一件衬衣和外套，肩上披了一件斗篷。士兵们大都还在睡觉，他身边除了约翰·兰姆再无他人。埃文坐在树上，派约翰·兰姆去碉堡里取他的梳子。

"去把我的梳子拿来。"他说，"帮我梳一梳头发，让我清醒一点儿。"

约翰·兰姆立刻去取梳子。在他看来，执行任务的时刻到了。他揣着在埃文的房间里找到的一把西班牙短刀回到埃文身边。此时，埃文已经脱下了斗篷，几乎没有什么遮挡。趁埃文全无防备时，约翰·兰姆把短刀深深地刺进了他的身体。埃文倒在地上断了气。约翰·兰姆把刀留在了尸体上，径直向城堡走去。

门口的守卫问他要干什么。他说他想见负责城堡的总督。守卫把他带到了总督面前。

"我的主人，"约翰·兰姆说，"我把您从您的一个最大的敌人手中解救了出来。"

"从谁手里？"总督问道。

"威尔士的埃文。"约翰·兰姆说。

总督听到这话非常吃惊，问约翰·兰姆到底是什么意思。约翰·兰姆把自己做的事告诉了总督。

听了约翰·兰姆说的话后，这位总督的第一反应是非常不悦。他愤怒地盯着这名刺客，严厉地说："混蛋！你居然杀死了自己的主人。如果不是目前的情况这么困难的话，如果不是他的死给我们带来了巨大的好处的话，那么我现在就立刻砍了你的头。不过，木已成舟，生米已经做成熟饭，这件事就这么算了吧！"

然而，埃文的死并没有给这些守军带来任何好处。法兰西人对约翰·兰姆的所作所为痛恨不已，他们立刻派了更多的军队，把整个城堡围得密不透风。不过，很快就有一支英格兰军队沿河而上打跑了法军，城堡里的守军终于被解救了。

当时的骑士和贵族们并不认为战争是一件多么困难的事情，相反他们还常常以此为乐。他们喜欢相互搏斗，就像有人喜欢在丛林里猎取野兽一样。那些可以带着自己的属下四处征战的头领，往往被认为是最伟大光荣的；他们的领导能力就体现在他们能够在战斗中获得胜利。只有那些在家里默默工作的产业工人、商人、城镇里的小手工业者、地里的农夫才会对这些战争心生不满，因为贵族们为了筹到充足的军费会向他们征收重税，使他们贫苦不堪。骑士和士兵们都非常愿意参加战斗，他们不喜欢在营地里度过无拘无束的生活，他们也不喜欢长途行军，他们只喜欢战斗。他们的心中充满了对敌人的恨意，在任何时候都愿意为了复仇去冒险。当然，他们也期望自己能够在战斗中有出色的表现，为自己赢得嘉奖和荣耀。

因此，这些骑士和贵族经常私下决斗，就像下面这个故事一样。有一个叫德·兰布朗的法兰西骑士突然入侵了波尔多附近的英格兰领地。一天，他带着四十名长矛手走进了邻近的一个属于英格兰的小村庄。在那儿，英格兰守军袭击了他们。他在接近村庄时停了下来，命令士兵们埋伏在树丛里。

"你们待在这儿，"他说，"我一个人到前面去看看，看能不能找到一个人出来和我单打独斗。"

德·兰布朗这样做是为了展示自己的胆

量，表现出自己的英勇无畏——当然，他此前可能已经夸下过海口。这样他以后就有了可以在人前炫耀的资本。

士兵按照他的吩咐藏在树丛里。德·兰布朗独自一人打马上前。他的长枪固定在枪套里，头盔在阳光下闪闪发光。他走到城门前，停下来向守卫挑衅。

守卫质问他想要干什么。

"你们的队长在哪里？"德·兰布朗说道，"去找他，告诉他德·兰布朗勋爵在城门外等着与他对决。既然他自称是一个超级英勇的人，那么他最好来应战。否则的话，我就告诉大家，他其实是一个懦夫，甚至都不敢出来见我。"

德·兰布朗挑战的这位队长叫伯纳德·库兰特。当时，伯纳德·库兰特的一个仆人恰巧就在城门处，和守卫离得不远。他立刻向德·兰布朗喊道："你说的话我都听到了，骑士先生。我会立刻去通知我的主人，你马上就能见到他了，他才不是一个懦夫。"

听说了德·兰布朗的自大无礼后，伯纳德·库兰特非常生气。他立刻命人召集军队，备好战马出门应战。城门被打开，吊桥也被放了下来，伯纳德·库兰特走了出来。德·兰布朗正在那儿等着他。

双方跨上战马，恶狠狠地瞪着对方。片刻后，他们用马刺一磕马肚子，便全速向对方冲了过去。两个骑士在奔跑的过程中都把长枪的一端牢牢固定在枪套里，另一端则直指对方，以便在擦身而过时给对方致命的一击。同时，他们还要紧盯对方的枪尖，以防被它刺到；如果实在躲不过去的话，也要硬挺着，不能从马上掉下来。这种长矛非常长，用极其坚硬的木材做成，它们攻击时的力量主要来自固定在枪套里的一端。这种枪套是固定在马鞍上的，马在奔跑时产生的所有动力，都通过这种连接方式传递到了长矛上。这种力量非常大，如果一支长矛刺过来，那就不是划过表皮或把人掀翻那么简单了。在这种情况

这幅版画描绘了骑士们单枪匹马交战的情景。他们都受到盔、盾和甲的良好保护,配备了长矛或其他武器。这些矛很长,用坚硬的木材制成。交战中,两位骑士的目标都是用矛头进行攻击,以便刺穿对方的盔甲并杀死对方,或者将对方从马上打下来。骑士如果落马,通常会无助地躺在地上,因为盔甲太重了,他无力站起来。在这种情况下,他很容易被对方击杀下，往往会产生巨大的反作用力，足以把这支长矛震碎。眼下就发生了这样的一幕，双方的长矛在第一次交锋时都被震碎了。不过，骑手们都没有受伤，两匹战马小跑一圈后又向对方冲了过去。在第二回合中，伯纳德·库兰特用战斧向穿着盔甲的德·兰布朗肩头狠狠地一击。这位不幸的骑士从马上被掀了下来，重重地摔在地上。

伯纳德·库兰特调转马头，快步跑到德·兰布朗摔倒的地方，看见他正挣扎着站起来。这时，藏在树丛中的骑兵看见自己的主人从马上被掀了下来，赶快跑出来想要救他。伯纳德·库兰特力大无穷，他从奔跑的战马身上俯下身来，牢牢抓住德·兰布朗的头盔，将它一把扯了下来。现在，德·兰布朗的头部失去了保护，整个暴露了出来。

伯纳德·库兰特把头盔扔在脚下。他抽出了自己的短剑，架在德·兰布朗的头上，命令他投降。

"投降吧！"他说，"你立刻投降，否则我就杀了你。"

藏在树丛里的士兵正朝着这边赶来。德·兰布朗一心希望他们能及时救下他,所以他没有搭理伯纳德·库兰特。伯纳德·库兰特知道自己没有太多时间可以浪费,便一剑刺进了德·兰布朗的头颅,然后转身朝着城门飞奔而去,及时地躲过了近在咫尺的追兵。

伯纳德·库兰特一进城,守城的士兵就关闭了城门,吊桥也被拉了起来。德·兰布朗的骑兵抓不到他,只好扛起德·兰布朗回到附近的一座城堡里。第二天,德·兰布朗就去世了。

在爱德华三世统治初期,这些骑士和贵族为了争夺地盘,为了荣誉,为了掠夺财富,或只是为了找乐子而争斗不休,乐此不疲。然而,大部分英格兰民众都被他们那些自大傲慢的主人压迫着,不得不背负沉重的赋税,并且税额之高已经到了不可想象的地步。大贵族们完全凌驾于法律之上。他们中有一个人在一次出海远征法兰西前,在当地抓了许多市民的妻子或是女儿,他把这些妇女带到船上供自己和手下的士兵玩弄。面对这样难以容忍的伤害，这些丈夫和父亲们却无能为力。舰队离港后不久就遇到了大风暴。这些妇女们又惊又怕，再加上被迫与亲人分离而造成的伤痛，她们完全不受控制地放声大哭起来。为了制止她们的哭声，残忍的贵族把她们都扔进了大海。

王国内的所有平民都要纳税，并且非常繁重。按照当时的说法，这些征税的权利是出租的。也就是说，征税的权利被卖给了承包人，他们被称作"税务官"。税务官会向议会缴纳固定的税款，剩下的就都归他们自己所有。然而，没有任何人或机构可以监管他们的行为，因为议会只管收钱，其他事一概不问。这导致税务官聘来的税吏总是会压榨百姓，敲诈勒索。就算人们抱怨控诉，议会也只会置之不理。因为他们担心，如果他们干涉税吏征税的话，税务官下次就不会给他们交那么多钱了。

当然，理查二世对此一点儿都不知情。就算他知道，他也没有能力阻止。他现在还完全处在叔叔和其他贵族的掌控下。然而，公众的不满情绪已经累积了很久，只需要一点儿小小的火星就可以形成燎原之势。最终，这星星之火终于出现了。一位泥瓦匠的女儿被一名税吏侮辱了，受到了极大的伤害。这一事件最终成为瓦特·泰勒农民起义的导火索。我将在第九章中向大家讲述这次起义。

第 9 章　*CHAPTER IX*

瓦特·泰勒起义（1381年）

Wat Tyler's Insurrection (*1381*)

在理查二世统治初期，长期遭受暴政压迫的英格兰人民发动了起义。这次起义被称为"瓦特·泰勒农民起义"。这个名字容易让人觉得瓦特·泰勒是这起事件的主要导火索，其实他只不过是其中的一个因素罢了。

这个不幸的人，真名叫约翰·沃尔特。当时，人们都喜欢给自己的屋顶铺设瓦片。约翰·沃尔特就是以此为生，被人们称为"泥瓦匠约翰·沃尔特"或"泥瓦匠沃尔特"，后来就被缩短成了瓦特·泰勒。

在瓦特·泰勒登上历史舞台前，几乎所有英格兰民众都对统治者极度不满。当起义最终爆发时，瓦特·泰勒和其他几个人成了起义军领袖。其中比较重要的人有杰克·斯特劳、威廉·若、杰克·谢泼德、约翰·米尔纳、霍博·卡特和约翰·保尔。据说，这些名字大多数都是假的。他们这样做，一是为了隐藏自己的真实姓名；二是因为他们认为，使用这些熟悉、平易近人的名字可以更好地融入底层民众中，和他们打成一片。

当时的历史学家说，这些起义军领袖都是些十恶不赦的坏蛋。当然，他们的话不一定准确，因为这些历史学家都是以维护上层阶级利益为目的的，而这些可怜的起义者并没有机会向别人讲述自己的故事。

英格兰社会底层的人基本上祖祖辈辈都是贵族和上流社会的农奴。他们安于现状，没想过要有任何改变。然而，他们现在开始渐渐地有了权利意识；比农奴地位略高的自由人被苛捐杂税压得喘不过气来，税吏收税时的种种勒索行为更是令人痛苦。当叛乱爆发时，这些自由人和农奴站在一起，开始了他们共同的事业。

有一个叫约翰·保尔的神父在叛乱爆发前就经常向人们宣讲他们应有的权利，他试图引导大家以和平的方式解决问题。他经常在集市上发表演讲，讲述他们在贵族的压迫下忍受的种种苦难，敦促大家联合起来向国王请求结束这一切。"我确定，如果我们一起去请求国王，国王会听我们说的话。"他说，"不过，如果他置之不理的话，我们就要采取最好的方式，来结束这些苦难。"

当时有许多人都在效仿约翰·保尔的做法；人们高涨的热情往往会引来更多的听众，他们唯一的目的，就是要看看，谁能最大程度地唤起听众心中的仇恨，挑动听众的情绪。这些演讲者往往一开头就谴责贵族们占有大量财富，还傲慢无礼，欺压百姓；接着他们又把贵族们富足奢侈的生活，和像奴隶一样的普通民众遭受的苦难和物资匮乏做对比；最后，他们开始谴责人与人之间的不公，提出所有东西都应当公有化。

"英格兰的情况将永远不会好转。"他们说，"除非能够消除这些差距。当这个国家不再有诸侯和领主，那些傲慢的贵族不再是我们的主人，而是和我们平等相待时，我们的国家才能够变得更好。为什么他们可以驱使我们？他们有什么权利奴役我们？我们难道不是亚当和夏娃的子孙吗？凭什么一部分人就可以奴役另一部分人？

他们有什么权利强迫我们终身辛苦劳作,而他们只需要坐享其成?他们可以穿金戴银,而我们衣不蔽体。他们有美酒佳肴和好吃的面包,但我们只能吃糠咽菜。他们住在富丽堂皇的宫殿中,而我们只能窝在简陋的窝棚里,顶风冒雨地在田里劳作。我们辛劳地工作,只是为了满足他们贪婪的欲望。如果我们没有干活,或者他们自以为我们没有干活,我们就会挨打,并且没有一个人愿意听听我们的冤屈。"

事实上,如果当时底层的英格兰民众能够得到他们该有的待遇,他们也并不会如此心生不满。如果他们享有人身自由,能够按劳取酬,能够让那些高高在上的人善意友好地对待他们,那么他们将会无一例外地感到满足与幸福。只有在长期受到欺压与迫害时,他们才会揭竿而起,反抗现有的社会秩序;可以预料,他们这些人也许会走向极端;他们一旦掌权,就会横扫一切,用彻底的毁灭来征服那些处于高位的人,当然,还有他们自己。

年轻人有时会认为，美国人信奉的人人平等，指的是条件平等；甚至一些应该更明事理的成年人有时也会认为，贫富间的差距违背了这个国家的政治纲领。事实上，在美国人有关平等的理论中，平等所说的是人权的平等，而非条件的平等。简单来说，每个人都平等地享有生活的权利、自由的权利和追求幸福的权利。即便是所有人都充分享有了这些权利，不同的人也会有不同程度的欲望。有些人富有，有些人贫穷；有些人是仆人，有些人是主人；有些人是雇主，有些人是雇工。不过，只要他们的权利是平等的，就不会有人，或者说至少不会有某个阶层会不满、抱怨。当然，肯定会有人对这儿或是对那儿有所不满，但这种不满的情绪不会扩散。只有当大多数人的权利受到长期压迫时，才有可能会出现暴动和起义。

我现在要讲的这次起义，就是这样造成的。整个伦敦城方圆五十英里的地方，都笼罩在一种压抑、愤怒的氛围中，就差最后一根导火索来引燃人们的怒火。最后，这个导火索出现在了瓦特·泰勒的家里。

当时，议会开始征收人头税，按照个人年龄的不同，征收的税额也不同。孩子们的税额就不少，年轻的男孩和女孩则更高。然而，对于孩子年龄界限的区分并不明确。税吏即便怀疑父母谎报年龄，他们也没有任何办法可以确定孩子的年龄。在这种情况下，税吏往往会非常粗鲁无礼，并经常因此而与民众吵架，大家对此都颇有怨言。有一天，一位税吏来到瓦特·泰勒家中收税。当时，瓦特·泰勒正在离家不远的地方给房顶铺瓦，家里只有他的妻子和即将成年的女儿。税吏认为这个女孩已经成年，要求她缴纳更高的人头税，但她的妈妈说道："不，她还没有成年，她只是个小孩子。"税吏说，他很快就能知道她到底是不是已经成年了。他走上前去抓住她，用最粗鲁野蛮的行为对待她。可怜的女孩大声尖叫，极力想要摆脱他。她的妈妈跑到门口向外面大声呼救。瓦特·泰勒听到叫喊声后，顺手抓起干活时用的一根很重的棍子，就向家里跑去。

等他跑进家门时,税吏已经放开了他的女儿。瓦特·泰勒质问税吏,为何要在他的家里做出如此让人不能容忍的事情。税吏蔑视地看着他,走过去想打他。瓦特·泰勒躲过了税吏的袭击。他被女儿受到的侮辱和税吏的傲慢无礼刺激得怒火中烧,拿起棍子朝着税吏的头就砸了过去。这一击直接打碎了税吏的头骨,脑浆溅得四处都是。

这件事像是野火一样,很快就传遍了镇子上的大街小巷。镇上的人们全都站在瓦特·泰勒一边,看起来,他们中有不少人的女儿都有过这样的遭遇,却没人敢反抗。现在,他们全都聚在瓦特·泰勒家周围,发誓要和他一起血战到底。他们计划一起前往伦敦觐见理查二世,要求他结束这些错误的做法。

"他还年轻,"他们说,"他会同情我们的,会公正地对待我们。我们一起去求他。"

他们行动的消息传到了周边的镇子上。很快,更多的人聚集在了一起,开始向伦敦出发。沿途不断有从其他地方赶来的人加入他们的队伍中。最终，瓦特·泰勒和他的同伴发现，自己身后已经有了一支六万到十万人的队伍。

全国都进入了警戒状态。而人们最厌恶的冈特的约翰恰巧不在伦敦，他此时正在苏格兰前线。理查二世倒是在王宫里，但在听到起义的消息后，他就跑到伦敦塔里藏了起来。伦敦塔修建

伦敦塔

在伦敦市区地势较低的地方，坐落在泰晤士河畔，十分坚固。还有一些害怕民众找自己麻烦的贵族也躲到了塔里。当时，理查二世的母亲肯特的琼恰巧在坎特伯雷朝圣，她立刻启程赶往伦敦，却在半路上被瓦特·泰勒和他的部下截了下来。人们围在马车周围，肯特的琼被吓坏了，但他们并没有伤害她。在扣留了一段时间后，他们就让肯特的琼继续上路了。她马不停蹄地向伦敦塔跑去，和她的儿子理查二世会合。

沿途有越来越多的来自各个乡镇的平民加入了起义者的队伍。起义军领袖让所有人都发了誓。誓言是：

一、永远忠于理查二世。

二、绝不会服从于任何一个叫约翰的国王（这条很明显是针对冈特的约翰的，因为他的名字就是约翰，而大家非常痛恨他）。

三、只要收到召唤，就要跟从并保护他们的领袖。要随时做好出发的准备，并号召周围的邻居一起来参加行动。

四、要求废除所有可憎的税收，并绝不再缴纳。

就这样，这些人成群结队地走上了通往伦敦的道路。随着时间的推移，他们变得越来越兴奋，越来越暴力。很快，起义军就开始袭击沿途经过的骑士、贵族及议会官员的住宅；还杀死了不少他们认为是敌人的人；在坎特伯雷，他们抢劫了大主教的府邸。坎特伯雷大主教西蒙·萨德伯里拥有大量的财富，生活非常奢华。起义军理所当然地认为，正是因为坎特伯雷大主教西蒙·萨德伯里享受的这种奢侈豪华的生活，他们才背上了沉重的苛捐杂税。

在路上，起义军还袭击了一座城堡，俘虏了一个叫约翰·牛顿的爵士，并强迫他一起去伦敦。约翰·牛顿非常不愿意和他们一起去伦敦，一开始，他下定决心决不和他们一起走，但他们很容易地就让他改变了主意。

"先生,"他们说,"你最好立刻和我们一起走,严格按我们的命令行事,否则的话,你将会变成一个死人。"

约翰·牛顿被迫和起义军一起出发了。他们把他的两个孩子也带上了,说是为了保证孩子们的父亲能乖乖听话。

还有其他一些队伍也抓了不少有爵位的人和他们的家人。他们强迫这些人走在队伍的最前面,看上去就像是他们领导了这场起义一样。

起义军就这样一路走到了泰晤士河附近,到达了位于伦敦南的布莱克西斯和格林尼治。这两个村庄坐落在河岸边,离伦敦塔还有一点儿距离。

约翰·牛顿不敢违背起义军的命令。他来到河边,坐上一条小船,渡河去了伦敦塔。门口的卫兵接待了他,并引他去见了理查二世。

他在一间房子里见到了理查二世。此时,理查二世正和母亲肯特的琼以及许多贵族和官员在一起。他们都焦急地等待着外面的消息。他们知道,全国都发生了暴动,但不知道该怎么办。

约翰·牛顿本身也是一名官员,大臣们和他都很熟悉。他一走到理查二世面前就跪了下去,请求理查二世不要因他即将说出的消息而迁怒于他。

"陛下,我向您保证,"他说,"我不是自愿的,我是被强迫的。"

理查二世告诉他不用害怕,让他马上说出他带来的消息。

约翰·牛顿说起义军要求面见理查二世,他急切地恳求国王能去布莱克西斯接见他们。

"他们希望您能够独自前往,"他说,"陛下不用害怕您的子民,因为他们是绝对不会伤害您的。他们一直都很尊敬您,他们也会继续尊您为他们的国王。他们只是想告诉您一些事情,他们觉得很有必要让您知道这些事情。他们并没有告诉我,他们到底要说什么,因为他们希望能够直接和您讲。"

最后,约翰·牛顿哀求理查二世能够给出一个令人满意的答复,至少在他回去后,能让那些人相信，他已经如实地转达了他们的意见。

"因为，"他说，"他们抓了我的孩子做人质，我要是不回去的话，他们就会杀了我的孩子。"

理查二世回答说，很快就会给他一个答复。理查二世立刻召集大臣商量对策。大家各持己见，最终一致同意理查二世第二天去河边见起义军。如果起义军领袖能够到布莱克西斯对岸来的话，理查二世将在那里接见他们。

约翰·牛顿离开伦敦塔，乘船过河回到了起义军的营地，向起义军领袖汇报了理查二世的答复。

听说理查二世同意来见他们，大家都非常高兴。消息立刻传了出去，所有人都非常满意。据说，起义军当时有六万人之多，既没有足够的食物果腹，也没有可以遮风挡雨的地方。即便如此，他们还是立刻着手安排过夜，希望第二天能见到理查二世。

第二天清早，理查二世在塔里的小教堂参加了庄严的弥撒。然后，在众多官员、骑士和贵族的陪伴下，他走下伦敦塔，登上了驳船。驳船离开伦敦塔，顺流而下到了指定碰面的地点。大概有一万名起义军已经等在那儿了，当他们看见驳船和上面的王室成员时，人群开始骚动起来，人们大喊大叫，手舞足蹈。而在理查二世和贵族看来，他们就像是魔鬼。约翰·牛顿也在人群中。起义军把他也带到了河边，他们说如果理查二世不来的话，就是他说了谎；如果那样的话，他们就当场杀了他。

起义军看起来情绪非常激动。护卫理查二世的贵族不敢让他上岸。他们建议理查二世留在船上，离岸远一点儿，在甲板上向这些人讲话。理查二世采纳了他们的建议。驳船浮在水面上，桨手们不停地划着桨以保证船不被冲走。理查二世在大臣们的簇拥下站在甲板上，向岸上的人询问他们有什么要求。

"我应你们的请求来到了这里，"他说，"你们有什么要说的？"

当看见理查二世挥手示意他们安静下来时，人群渐渐停止了骚动。理查二世再次询问他们的要求。起义军领袖说，他们希望理查二世能到岸上来，这样才能听清他们要说的话。

理查二世身边的一位官员说，那是绝对不可能的。

"国王不能到你们中间去。"他说，"你们穿的衣服不合时宜，不管怎么看，都不适合面见国王。"

人群又骚动了起来，甚至比之前更乱。起义军坚持让理查二世必须上岸，到处都是尖叫声、呐喊声，场面混乱不堪。贵族们认为，理查二世再留在这里会非常危险，他们命令桨手立刻划动桨板，驳船开始驶离岸边，回到了河心处。这时恰巧涨潮了，这帮了他们不少忙，驳船很快地向伦敦塔驶去。

起义军被彻底激怒了。到岸边去见理查二世的人回到了大军所在的营地，理查二世拒绝与他们谈话的消息迅速传开了，人群中爆发出了愤怒的吼声：去伦敦！去伦敦！大家迅速行动了起来。几个小时后，所有通往城区的路上全是这些衣衫褴褛、光头赤脚的可怜人；有的扛着草草做成的旗帜和横幅，有的手里拿着棍棒和其他可以充当武器的东西，他们群情激愤，几近疯狂。

听说他们来了后，伦敦城里的人都非常惊慌。在城南只有一座桥可以进城。这座桥位于伦敦桥所在的位置，在伦敦塔上游大约半英里的地方。桥头靠近城市的一侧有一扇门，门外有一座活动吊桥。伦敦人牢牢地关上了这扇门，收起了吊桥，阻止起义军入城。

当起义军走到桥边，发现自己被关在外面后，他们更加愤怒了。他们开始放火烧毁城外的房屋。这些漂亮的别墅大多是城里富人的房产。富人们现在开始担心自己的财产安全，他们觉得把门打开，放起义军进城，也许会更好一些。

"如果放起义军进来的话，"他们说，"这些人就会在街上乱窜，也许过不了多久起义军就会感到厌倦，然后就回去了；然而，如果我们一味地阻挠起义军的话，只会让起义军变得更加暴躁。"

此外，当时城里还有许多伦敦市民非常同情

这些起义者，希望能够加入他们的队伍。

"这些起义军是我们的朋友。"他们说，"他们正在力争改变自己不幸的处境，我们的情况也和他们一样。他们的事业就是我们的事业。因此，打开大门让他们进来吧！"

伦敦市民越来越恐慌。起义军已经烧毁了城郊。他们放出话说，如果不打开城门，他们就毁掉城外所有的东西，如暴风般占领伦敦，然后烧毁城里的一切。最终，城门还是被打开了，起义军进入了伦敦城。

进城的桥上挤满了起义军，他们如潮水般拥向伦敦，持续了好几个小时都还有人没进城。进城后，他们立刻四散开来，布满了伦敦的大街小巷。一队起义军袭击了一座监狱，把里面的犯人都放了出来。其他人则一边愤怒地大声吼叫，一边挥舞着手中的长矛走在伦敦街头。伦敦市民拿出食物和美酒，想要安抚他们的情绪。起义军在街头架起篝火，围坐在一起，开始享用伦敦市民提供的美食。市民们善意的馈赠使他们稍微平静了一会儿，但很快，酒精又使他们兴奋起来，甚至比之前更可怕。最后，一大群起义军朝着冈特的约翰的萨沃伊宫走去。萨沃伊宫坐落在泰晤士河边，位于伦敦和威斯敏斯特之间，是一座富丽堂皇的建筑。

起义军极其仇视冈特的约翰。之前我们已经提到，冈特的约翰此时正在苏格兰边境作战，并

萨沃伊宫

不在宫中。起义军没能找到冈特的约翰，就决定毁掉他的府邸以及里面的所有东西。

他们闯进宫中，杀死了所有抵抗的人，砸毁了宫内的所有物品。他们在院子里和路边生起了火堆，把能烧的东西都扔了进去。盘子及其他一些昂贵却无法烧毁的东西，则都被砸成碎片扔进了泰晤士河里。他们严禁起义军带走任何东西。有个人把一个银杯藏在自己的怀里想要偷走，但被其他人发现了。他们把这个人和杯子一起扔进了火里，也有人说，他被扔进了泰晤士河里。不管怎样，他们把他和他的赃物一起毁灭了。

"我们来这儿，"他们说，"是为了正义和真理，是为了惩治罪犯，而不是来做强盗和小偷的。"

当他们把萨沃伊宫里能找到的东西都毁了后，便一把火烧了这座建筑。有一部分宫墙幸存了下来，凄凉地矗立在那儿。

起义军同样非常痛恨律师，他们认为，律师都是那些压迫者的走狗。他们吊死了所有能抓到的律师。在烧毁萨沃伊宫后，他们又到了一个叫

萨沃伊宫的废墟

圣殿的地方。圣殿是一座占地宽广的大厦，里面有法庭、大律师室，还藏有许多古代的司法记录。起义军把这些东西也都付之一炬。

据说，伦敦城里有一个叫理查·莱昂的人，他非常富有，以前是瓦特·泰勒的主人；他曾经殴打过瓦特·泰勒，残酷地压迫剥削过他。瓦特·泰勒在受到这些伤害时，还没有任何还击之力，但现在，复仇的机会来了。他领着一群疯狂的起义者冲到了理查·莱昂家里，抓住了惊恐万分的理查·莱昂，毫不留情地砍下了他的脑袋。他们把理查·莱昂的脑袋挂在长矛上，在伦敦城内游街示众，以此来警告那些曾经残忍地迫害并剥削过他们的人。

除了理查·莱昂，还有不少人也被砍了头。他们的头颅也被高高地挂起来游街示众。

这些人在伦敦城里闹了整整一天，致使整个城市陷入骚乱和恐慌中。夜幕降临时，大部分起义军开始向伦敦塔拥去。理查二世和王宫里的人正躲在塔里，不知该怎样摆脱这些突如其来的、如洪水般的起义军。到达伦敦塔后，起义军占据了塔前的一大块空地，点燃了熊熊的篝火，准备夜里在那儿露营。

第 10 章　*CHAPTER X*

起义结束（1381年）

The End of the Insurrection (*1381*)

这时，伦敦塔里的理查二世和他的臣子们发现，自己几乎是被围住了。他们不断讨论对策，但总是会有新的问题出现。一些顾问建议理查二世立刻采取果断的措施，消灭起义军。伦敦塔内现在有一支数量相当可观的军队，伦敦城内的其他地方和周围区域还有不少士兵，总计四千人左右。有些人建议说，第二天一早就派这些人去袭击起义军，毫不留情地杀死他们。起义军确实人数众多，大约有五万到十万人，但他们没有武器，没有组织。可以想见，他们虽然人数众多，但抵抗不了太久。另一些人则认为，这样做会非常危险，他们对结果并不乐观。

他们说："由陛下您出面安抚他们或许会更好一些。如果可以，说一些好话，表示可以答应他们的请求。一旦试图用武力解决问题而没能成功的话，事情将会变得更糟。伦敦甚至整个英格兰的平民都有可能加入他们的队伍，所有贵族都将会在这片土地上消失。"

理查二世接受了他们的劝告。他们决定，暂

不攻击起义军，再等等，看看事态会向哪个方向发展。

第二天早上，广场上的起义军一起来就开始吵嚷，他们威胁说，如果理查二世不打开门让他们进去的话，他们就要进攻伦敦塔。理查二世最终决定稍作让步，接受他们的部分条件。

在伦敦郊区有一个叫"麦尔安德"的地方，也许是因为那是某个"一英里"结束的地方吧！这个地方有一大片草地，伦敦人经常在这里举行盛大庆典或是娱乐活动。理查二世派了一名信使给起义军领袖传话，说如果他们所有人都能去麦尔安德的话，他可以去那里见他们。

起义军相信了理查二世的话，开始向麦尔安德前进。

不过，还是有一部分人没有去。而那些真正想要见到理查二世、请求他免除他们的苦难的人都去了约定的地点。剩下的一部分人又去了伦敦，打算抢些财物。其余人就留在了原地。等理查二世和他的侍从离开伦敦塔前往麦尔安德后，这些留在原地的人乘虚而入，占领了伦敦塔。他们彻底搜查了所有房间，毁掉了所有他们痛恨的东西。他们冲进了理查二世的母亲肯特的琼的房间。虽然他们没有伤害她，但他们的暴行还是把她吓得晕了过去。肯特的琼的侍从把她抬到河边一艘有顶棚的小船上，之后将她送到了一个安全的地方。

塔里的人并不都像肯特的琼一样，这么容易就出来了。坎特伯雷大主教西蒙·萨德伯里和其他三位与他品阶差不多的主教也在伦敦塔里，起义军对他们痛恨至极，最终，他们被毫不留情地拖进院子里砍了脑袋。他们的头颅被挂在杆子上，在伦敦的街道上游行示众。

此时，理查二世在众多随从的簇拥下来到麦尔安德，接见了聚集在草坪上等着见他的起义军。一些随从担心，跟着理查二世去见这么多无法无天的暴徒会有危险，于是他们在半路上就丢下理查二世，自顾自地跑到安全的地方躲了起来。虽然理查二世当时年龄还很小，只有十四岁,但他并不害怕。大约有一万六千名起义军聚集在麦尔安德的草坪上。理查二世一到那里就勇敢地骑着马走到他们中间,直接询问他们想要什么。

起义军选出一位临时代表来陈述他们的要求。他说,他们希望得到人身自由,因为他们一直是农奴,而这种身份使他们遭受了无数的暴行和压迫。他们要服从的不是法律,而是他们反复无常、独断专横的主人。因此,他们要求理查二世免除他们的农奴身份,给他们人身自由。

理查二世和他的顾问们决定接受这一要求,或者至少假装答应他们,并且还决定,立刻颁布法令,宣布在这些起义军的家乡废除农奴制,解放农奴。这样的决定让起义军感到非常满意。起义军的领袖们,至少是绝大多数领袖认为,这就是他们想要的结果。于是,他们带着队伍返回了家乡。

然而,还是有不少人不满意。不管最初的目的是什么,像这样的起义总是会使许多绝望、野蛮的人显赫一时,让他们暂时拥有巨大的权力。这些人因行动时的刺激和惺惺相惜而热情高涨，他们永远不会因达到了最初的目标而感到满足。因此，在这次起义中，虽然有不少起义军对理查二世的承诺感到满意，返回了家乡，但仍有许多人没有走。一大批人跑到伦敦去和之前已经到那儿的起义军会合，想要逮住机会抢点儿东西。还有一些人留在了他们露营的地方，怀疑理查二世会不会真的信守承诺，颁布法令。此外，不断有新的起义军陆续到达伦敦及其周边地区。看起来，危险并没有过去。

理查二世命人立刻起草法令。他还聘用了三十名书记官来誊写法令，这些法令的内容都是一模一样的。按照当时的习惯，所有王家法令都是用拉丁文书写的，需仔细地誊写在羊皮纸上，由国王签名后再用他的印鉴封口。书记官正在誊写法令的消息，让这些起义者们非常满意，他们中大多数人都回家了。然而，仍然有人滞留在伦敦，他们越来越兴奋，新的暴乱看似一触即发。

当时是周五晚上，多支不同的起义军队伍在伦敦市区或是周边安营扎寨。他们点燃的篝火照亮了整个天空。四周全是他们发出的声音，或欢快，或愤怒。伦敦居民提心吊胆地过了一个晚上，他们向这些人提供食物和美酒以安抚他们的情绪，但酒精让他们变得更加兴奋。起义军的人数仍在增加，没有人知道该如何结束这一切，也没有人知道，这一切什么时候才能结束。

第二天早上，起义军们决定举行磋商。他们把地点定在了伦敦北部郊区一个叫史密斯菲尔德的骡马市场。还没有返回家乡的起义军领袖都参加了这次会议。当然，瓦特·泰勒仍然是这些人的头领。

头天晚上，理查二世住在了位于泰晤士河下游的私邸中，他的母亲肯特的琼从伦敦塔里逃出来后就躲在这里。他决定，第二天一早去威斯敏斯特参加弥撒。其实，他这样做的真实目的是想要告诉那些起义军，他不怕他们，或者也是为了能去偷偷地观察对方的情况和动向。

于是，他带着随从和卫兵去了威斯敏斯特。伦敦市长与他同行。在威斯敏斯特做完弥撒后，理查二世启程回家。不过，他并没有按照来时的路线穿过伦敦市中心，而是选择向北绕行。他走的这条路恰巧会路过史密斯菲尔德，大批起义军正在这儿举行会议。双方都没有想到会在这里碰面。理查二世一看见他们就停了下来。此时，他只带了大约六十个骑兵。

一些大臣建议他不要和这些叛乱者碰面，掉头走另一条路回家，因为对方大约有两万人，双方人数相差悬殊。然而，理查二世不同意，他打算和他们聊一聊。

他说，他会去搞清楚他们还想要些什么。他觉得他可以友好地与他们商谈，以此来安抚他们。

当理查二世和他的随从们停下来商量对策时，起义军领袖也注意到了他们。他们立刻发现，是理查二世在那儿。

"是国王！"瓦特·泰勒说，"我过去见过他，和他说过几句话。其他人都留在这里。在我

理查二世与起义军谈判

回来前，任何人都不得离开这里，除非你们看到我给出这个暗号。"

这样说的同时，瓦特·泰勒做了一个手势作为他们的暗号。

"当你们看见我做这个手势时，"他说，"你们就冲过来杀死除了理查二世的所有人。我们会抓住理查二世并扣留他。他还小，肯定会按我们说的做。我们让他走在队伍的前面，就像他是我们的指挥官，而我们都服从于他的命令。这样一来，我们就能以他的名义行事，去我们想去的任何地方，做我们想做的任何事情，没人敢拦着我们。"

瓦特·泰勒的这些话都被记录在当时的史书中。不过，我们现在读到的所有关于这次事件的记录，都是那些憎恨起义军的人写的，他们希望把这些起义军塑造成极不光彩的形象。因此，我们不能完全相信这些记录的真实性，特别是这些并非他们亲眼见到或者亲耳听到的事情。

不管怎样，瓦特·泰勒骑着马来到了理查二

世面前。他走得太靠前了，两匹马的头都挨在了一起。他和理查二世开始了对话。瓦特·泰勒指着后方空地上集结的人群说，那些人都是听他指挥的，他说什么，他们就会做什么。理查二世回答说，如果是这样的话，他最好命令这些人都返回自己的家乡。他说，他已经同意他们前一天提出的要求，并且已经命人开始准备宣布废奴的法令。他问瓦特·泰勒还有什么要求。

瓦特·泰勒说，他们希望理查二世能把法令送到他们手中。

"拿不到法令的话，我们是不愿意回去的。"他说，"现在在场的有这么多人，城里面还有更多人，我们希望您能把法令给我们，让我们自己带回去交给各村镇的负责人。"

理查二世说，书记官正在准备这些法令，请他们相信，等他们一到家，这些法令文书就会送到他们的家乡。

"回去告诉你的人，"理查二世又说，"他们最好安静地回家去，到时候法令就会送到了。"

然而，瓦特·泰勒并不想离开。他环视理查二世身边的随从，看到了一个认识的人。这个人是理查二世的近身侍卫。瓦特·泰勒对他说道："什么？你居然在这儿！"

这个侍卫是理查二世的捧剑侍从。他的职责就是捧着理查二世的宝剑。除了宝剑，他还随身携带着一把短剑。

瓦特·泰勒把马头转向捧剑侍从，说道："让我看看你的那把短剑。"

"不。"捧剑侍从说着就往后退了一步。

"好，"理查二世说，"让他看。"

理查二世压根就不害怕这些反叛者，并且他希望让他们看到自己压根就不怕他们。

捧剑侍从把短剑递给了瓦特·泰勒。瓦特·泰勒骑在马上，把这把剑拿在手上，转来转去，仔细研究。这把剑非常精美，在此之前，他怕是从没如此近距离地看过这些东西。

看够了后，瓦特·泰勒又转向了捧剑侍从："现在让我看看你捧着的剑。"

"不!"捧剑侍从说,"这是国王的宝剑,像你这样出身低下的人是不能碰它的。"在蔑视地看了瓦特·泰勒一眼后,他又补充道,"如果我们在其他地方单独碰面的话,你是绝对不敢像现在这样和我说话的。"

"我发誓,"瓦特·泰勒说,"我今天非杀了你不可。"

眼见两人就要打起来了,伦敦市长和十几个骑兵上前围住了瓦特·泰勒和捧剑侍从。

"无赖!"伦敦市长说,"你怎么敢说出这样的话来?"

"这和你有什么关系?"瓦特·泰勒狠狠地盯着他说,"这关你什么事?"

"抓住他!"理查二世说,他现在也开始失去耐心了。

伦敦市长此时早已怒火中烧,听到理查二世的话后,他立刻举起手中的弯刀朝着瓦特·泰勒的头上使劲砍去。瓦特·泰勒一下就被砸晕了,从马上重重地摔了下来。另一个在伦敦市长旁边的骑兵——约翰·桑德维奇——立刻从马上跳了下来，一剑刺穿了瓦特·泰勒的身体，当场杀死了他。

这时，起义军正待在原地等待瓦特·泰勒给他们发出暗号。当他们看见瓦特·泰勒摔下马来，被刺死时，人们大喊道："他们杀了我们的首领。来吧！来吧！让我们去杀死他们，一个都不放过！"

他们立刻站好队，拿起武器准备向理查二世的队伍复仇。理查二世，作为一个年仅十四岁的年轻人，表现得却非常冷静、勇敢。他骑马上前，大胆地面对他们。

"先生们，"他说，"除了我，你们没有其他领袖。我是你们的国王，请保持安静。"

听到这些话后，起义军看起来有些不知所措。一些人离开了，但还有一些非常暴力、意志坚定的人留在了原地，想要伺机复仇。理查二世回到队伍中，询问下一步该怎么办。一些人建议他们往开阔一点儿的地方走，找个机会逃走，但伦敦市长建议大家留在原地。

"没用的，"他说，"我们逃不掉的，但如果我们待在这儿的话，马上就会有援兵来了。"

原来，伦敦市长已经派人去伦敦求救了。信使们一进城就高声喊道："快到史密斯菲尔德去！快到史密斯菲尔德去！他们要杀了国王！"所有人都听到了他们的喊声。驻扎在伦敦的军人和一些志愿加入的人立刻跑了出来，顺手操起手边可以做武器的东西，赶到了史密斯菲尔德。很快，理查二世就有了七八千名援军。

有人敦促军人们立刻进攻，杀了这些叛乱者。他们觉得虽然对方人数众多，但都是些乌合之众；理查二世的士兵大多装备精良、训练有素，想要杀死这些人简直易如反掌。

然而，理查二世不同意这么做。也许是听从了别人的建议，也许是由于他自己比较谨慎与温和，他还是派人心平气和地去劝说这些人投降，告诉他们如果投降的话，他会原谅他们。起义军最终还是投降了，大批人开始撤退，准备回家。

理查二世接着要求那些已经收到废奴法令的人把文件还回来。他们照办了，大量的法令文书被还了回来。理查二世借口说，这些人在法令颁布后仍然组织闹事，从而导致了法令失效，他当场就把这些文件撕成了碎片。

起义军立刻乱作一团。他们现在是群龙无首，但他们的对手越来越强大。越来越多的人逃跑了，直到最后那些最坚决的人也扔下武器逃到了伦敦。

理查二世回家后，见到了母亲肯特的琼。看到儿子平安归来，她简直欣喜若狂。

"我亲爱的儿子，"她说，"你无法想象这一整天我都遭受了怎样的痛苦。"

"是的，母亲。"理查二世说，"我相信您一定很痛苦，但现在一切都结束了。现在您应当感到欣慰并感谢上帝，因为我重新拿回了本就属于我的英格兰。"

事情慢慢平息了。起义军大都灰心丧气，希望能立刻回到自己的家乡。危机过去后，理查二世撤销了之前发出的所有废奴法令，理由是这些法令是在武力逼迫和恐吓下发出的，并且叛乱者违反了应立刻和平撤退的条款。他还派人去那些叛乱者的家乡，审判并处死了成千上万人。实际上，这次叛乱蔓延的区域很广，除了伦敦市内和周边地区，整个英格兰王国都受到了波及。

当叛乱被镇压下去后，整个国家慢慢恢复了以前的秩序。不过，此后，农奴不再像以前那么凄惨和无助，他们的生活状况得到了普遍改善。实际上，这种爆发就像南美洲的地震一样，虽然在当时造成了极大的恐慌和破坏，但最终仍会提高国家的总体水平，使它变得比以前更好。

第 11 章　*CHAPTER XI*

好王后安妮（1382年—1394年）

Good Queen Anne (*1382—1394*)

理查二世有过两次婚姻。他的第一位王后叫安妮，是一位波希米亚公主，在历史上她有时也被称为"波希米亚的安妮"，但更多时候她被人们称为"好王后安妮"。

这场婚姻是在理查二世十五岁时，由他的大臣和顾问筹划的。此事因瓦特·泰勒农民起义而一度中断，起义被镇压后，理查二世的婚事很快就被重新提上了日程。王室派人去向波希米亚国王卡雷尔一世求婚。在询问了一番理查二世的情况后，波希米亚的安妮的父母和朋友们接受了求婚，开始着手准备，送安妮去英格兰完婚。理查二世当时大概是十五岁，波希米亚的安妮有十六岁，他们之前并没有见过面。

等所有准备都完成后，波希米亚的安妮就带着大批随从出发了。萨克森公爵和夫人负责照顾保护她。这位公爵夫人是波希米亚的安妮的姨母。除了萨克森公爵，同行的还有骑士、一些很优秀的人才和几位宫中的年轻女士，他们都是去陪伴侍奉波希米亚的安妮的。

按照当时的习惯，整个队伍行进得很慢，最后终于到达了佛兰德斯。波希米亚的安妮在首府布鲁塞尔受到了布拉班特公爵和夫人的热情款待。然而，她在布鲁塞尔听到了一个可怕的消息。送亲的队伍本打算在佛兰德斯港登船，走水路到加来。加来当时是英格兰领地。理查二世已经派一位使臣带着一大队人马等候在加来，等接到波希米亚的安妮后，就取道多佛尔海峡到达伦敦。送亲的队伍之所以不能从陆地直达加来，是因为这条路线要经过法兰西领地，他们担心法兰西人会拦截他们。据说，法兰西人非常反对这桩婚事，他们试图在欧洲大陆给理查二世施加压力。送亲的队伍到了布鲁塞尔后，他们听说，一支大约由十一二条船组成的舰队正往返于布鲁塞尔和加来之间，打算在海上拦截波希米亚的安妮。听到这个消息后，波希米亚的安妮和萨克森公爵一筹莫展，不知道该怎么办。最后，他们派出使臣去了巴黎，几经努力后，终于得到同意，让波希米亚的安妮途经法兰西的领土。

虽然法兰西国王查理六世同意了他们的请求，但他仍然表现得很不客气。他特意强调说，他对萨克森公爵的要求做出让步，完全是看在波希米亚的安妮的面子上，这件事和英格兰国王理查二世没有一点儿关系。

波希米亚的安妮因为这件事在布鲁塞尔滞留了一个月。等到事情解决后，她重新上路，从布鲁塞尔走陆路到了加来。布拉班特公爵①带着一支由一百名长矛手组成的队伍一路护送。这支队伍主要是用来体现波希米亚的安妮的荣耀，而不是来保护波希米亚的安妮的，因为布拉班特公爵主要还是依靠法兰西通行证来保证全队的安全。

当队伍接近加来城时，他们在格拉弗林镇见到了专门在这儿迎候的英格兰使臣索尔兹伯里伯爵约翰·蒙塔古和他的随员们。索尔兹伯里伯爵约翰·蒙塔古带了五百名长矛手和五百名弓箭手

---

① 即布拉班特女公爵让娜（1355—1406年在位）。根据1841年艾格尼丝·斯特里克兰所著《英格兰王后合传》记载，此时保护安妮的是其叔叔卢森堡公爵瓦茨拉夫一世。——编者注

来迎接波希米亚的安妮。在一大群士兵的护送下，骑着高头大马、全副武装的骑士和贵族们簇拥着波希米亚的安妮和其他几位女士一起走进了加来城。街道两旁全是兴奋的人群，他们挥舞着小旗，敲锣打鼓地迎接她的到来。走在吊桥上穿过加来城门时，波希米亚的安妮想到自己正在进入未婚夫查理二世的领土，内心涌起了一丝喜悦和自豪。

波希米亚的安妮没有在加来城停留太久，第二天就出发前往多佛尔。两地之间大概有二十英里的距离，当时要完全靠风来推动船只穿过多佛尔海尔峡。不管怎样，波希米亚的安妮当晚安全地到达了多佛尔。新王后到来的消息迅速传开，很快传到了伦敦。

全国人民都因此而兴奋起来。几周前，都还没有新娘的确切消息，没人知道她什么时候能到。她的到来使人们喜悦万分。议会当时正在开会，马上决定专门拨出一大笔钱来安排欢迎仪式和庆典，然后就立刻休会，所有人都开始准备在伦敦迎接波希米亚的安妮的到来。

在多佛尔休整了一天后,波希米亚的安妮便向坎特伯雷前进。她欣赏着沿途的田园风光,不久,她就是这里的王后了。理查二世的叔叔格洛斯特公爵托马斯,已经领着大批扈从在那儿等候。他引着她到了伦敦。当他们接近伦敦城时,伦敦市长和所有市政要员带着长长的欢迎队伍,出城迎接了波希米亚的安妮,并护送她进城。他们和波希米亚的安妮碰面的地方在布莱克西斯,就是一年前,即1381年瓦特·泰勒和他的起义军露宿的地方。不过,现在是多么不同的一番景象啊!当时,全国都陷入焦虑和惊恐中,此地更是满目疮痍,到处都是悲伤和绝望的贫民。现在,放眼望去,此地已是欢乐的海洋,大家都无比兴奋。

参加庆典的骑兵在布莱克西斯集结,伦敦城内也为迎接新娘做好了充分的准备。欢迎仪式的许多形式和国王加冕礼时的庆典形式是一样的。城里竖起了一座带塔楼的城堡,年轻的女孩子们站在塔顶向下抛洒着金色的雪花。城堡边的喷泉里流淌着美酒，身穿盛装的骑士捧着金色的酒杯向波希米亚的安妮献上佳酿。总而言之，伦敦市政府像尊重国王一样尊重这位年轻美丽的新娘，为她奉上了场面盛大的欢迎仪式。

婚礼在几天后举行。理查二世与波希米亚的安妮在威斯敏斯特王宫的小教堂里举行了结婚仪式。理查二世看起来对自己的新娘非常满意，给予她极大的关注。他们和宫中的大臣们一起在威斯敏斯特参加了各种庆典活动。一周后，理查二世带着王后波希米亚的安妮沿河而上，到了温莎城堡。与他们同行的还有理查二世的母亲肯特的琼及其他贵族女性，这些人和这对夫妻一起组成了一个新的家庭。他们在一起幸福地生活了一段时间。

年轻的王后很快就展现出了她的善良与仁厚，正是这一点使她日后深受英格兰人民的喜爱。她没有沉浸在自己高贵的生活中，也没有沉溺于理查二世带给她的快乐中；相反，她开始关注大多数英格兰普通民众遭受的苦难,开始考虑自己能做些什么来帮助他们。由于之前的叛乱,理查二世和贵族们对英格兰平民恨之入骨,他们四处抓捕那些参加叛乱或是有嫌疑的人,极其残忍地迫害他们,甚至比之前更加血腥残忍。人们因此生活在水深火热中。听说这些事情后,年轻的王后非常伤心。她恳求理查二世在即将举行的王后加冕礼上能够大赦天下,理查二世答应了她的请求。整个英格兰因此恢复了往日的和平与宁静。

波希米亚的安妮终其一生都在不断做好事,她一直致力于温和但有效地解决纠纷,平息愤怒,抚平创伤。她是和平的缔造者;她崇高的地位和对理查二世的巨大影响力,使她有能力去完成其善举。

年轻的王后也给英格兰带来了新的时尚,在宫里的女性中引起了巨大的轰动。当时流行的服装款式非常奇怪,我们可以从英国图书馆保存的一些铅笔画和水粉画中看到它们的样子。许多画

理查二世时代的男性服饰

作中描绘的服装款式和时尚元素是一致的，毫无疑问，它们应该正确地反映了当时的服装样式。此外，当时的史书、诗歌中也有不少对服装样式的描述，从而更加印证了它们的正确性和精确性。

下面的版画是从一份古代手稿中复制而来的。男士有时会穿短外套，有时会穿及地的长袍。男士服饰中最突出的特点就是又长又尖的鞋子。如果不是现在有些时尚元素也非常荒唐可笑的话，我们绝不敢相信当时居然会有那样的鞋子。

这种鞋叫克拉考鞋。克拉考是波兰的一个小镇，当时属于波希米亚的安妮父亲卡雷尔一世的领地。估计这种样式的鞋，是由波希米亚的安妮的送亲队伍中的某位绅士带到英格兰并流行起来

理查二世时代的时尚头饰

的。波希米亚的安妮确实将许多国外的时尚元素带到了英格兰宫中,如和男士的尖头鞋一样奇怪的女性头饰。这其中就有我们说的角帽。

这种角帽一般有两英尺高,两边约两英尺宽。这种头饰的支架是用金属线和纸板制成的,表面附有闪闪发光的面料和薄纱。还有一些

理查二世时代的女性服饰

头饰比这些还怪异。这些时尚元素都是波希米亚的安妮带来的，很快就在宫廷女子中流行起来，继而传遍整个英格兰。

据说，波希米亚的安妮也是第一个把别针带到英格兰的人。此前，人们都是用木头或象牙做的针状物来固定衣服。波希米亚的安妮带来了德意志制造的别针，很快风靡英格兰。

波希米亚的安妮带来的第三个流行品就是女鞍，也叫侧鞍。不过，她当时带来的女鞍构造还很简单。它包含一个放在马背上的坐垫，坐垫一侧连着一个小踏板，坐在鞍上时要将双脚同时放在这个小踏板上。

波希米亚的安妮婚后和丈夫理查二世一起度过了十二年快乐的时光。她全身心地依靠他，而他看起来也是真诚地爱着她。他本性善良且重感情，在波希米亚的安妮活着时，他总是会受到善的影响。无论他去哪儿，波希米亚的安妮都陪伴着他，帮他一起完成所有计划。无论何时，只要他和贵族或是臣民们发生矛盾，她总是扮演调停者的角色，并且每次都能化干戈为玉帛。她和丈夫理查二世住过许多宫殿，但她最爱的还是位于什恩的王宫，在现在的里士满附近。

虽然理查二世即位时就已经加冕，但由于年纪太小——您应该还记得他当时只有十一岁，他并没有掌握实权。事实上，直到他十五岁结婚时，他都还没有真正掌握权力。当时及之后的若干年，他的叔叔和其他有势力的贵族仍以他的名义掌管整个国家。到了他二十一岁时，他觉得是时候由自己执政了，并且他真的就这样做了。当时，英格兰举行了一场盛大的庆祝活动，其盛况不亚于加冕礼。

除了其他表演，在这次庆典中还有一场比赛。在比赛中，骑士们全副武装，骑在马背上排成一行，努力地用自己的长矛把对方从马背上掀下去。比赛在史密斯菲尔德举行。场地周围搭起了高高的看台，贵族和宫中的女子们都坐在台上观看比赛。大家还专门为波希米亚的安妮搭建了一座华丽的帐篷。她将作为裁判和颁奖人出席这次比赛。比赛的奖品非常丰厚，除了大量的珠宝，还有一个金色的桂冠。

波希米亚的安妮先到了比赛场地，和她的随从一起坐在了帐篷下。参加比赛的骑士此时正列队走在通往王宫的街道上。六十位女子骑着漂亮的小马，小马背上都是时下最流行的女鞍。每位女子都用一条银色的链子牵着一位骑士。走在队伍最前面的是歌手和乐队，街道两侧挤满了围观的人。

比赛结束后，盛大的宴会在伦敦主教的宫殿里举行，大家载歌载舞，直到深夜。

之后，理查二世和波希米亚的安妮一起幸福地生活了几年。理查二世喜欢排场，他渐渐养成了铺张浪费的习惯。据说，他想在生活的奢华程度上超过欧洲所有君主。他在自己不同的王宫中都设有机构，它们的主要工作就是负责举办极尽奢华的活动和宴会。据说，光是他的厨房就聘用了三百名厨师。

1394年，爱尔兰爆发了叛乱，理查二世准备出征平叛。当时，波希米亚的安妮染上了一种正在英格兰肆虐的致命传染病，不久她就在什恩的王宫病逝了。理查二世听说她染病的消息后，立刻赶回来照顾她，直到她去世都一直陪在她身边。他悲痛欲绝，因为他深深爱着她，她是他忠贞不渝的、挚爱的妻子。他因为她的去世几近疯狂。他诅咒她去世时所在的王宫，下令毁了它。事实上，王宫只毁了一半，而理查二世此生再未踏足此处。不过，之后的君主又修复了这座宫殿。

理查二世完全沉浸在悲痛中，暂时放弃了出征爱尔兰的计划。他写信给英格兰的所有贵族，要求他们来参加波希米亚的安妮的葬礼。葬礼仪式非常隆重，整整花了两个月的时间才准备好。当那天到来时，长长的送葬队伍从什恩护送着波希米亚的安妮的遗体到了威斯敏斯特。火炬手举着火把，伴随着整个队伍行进。火炬的数量实在是太多了，人们不得不从佛兰德斯紧急调来大量的石蜡。

波希米亚的安妮的墓室直到一年后才建

好。在建造的过程中,理查二世亲自过问每个细节。墓碑上的铭文是用拉丁语刻成的。以下是碑文的具体内容:

> 这里埋葬的是波希米亚的安妮,理查二世的妻子。她的一切美德都奉献于上帝:她用自己的钱财去喂食那些贫穷的人;她平息纠纷,化解仇恨;她非常美丽,无与伦比。1394年6月7日,所有慰藉都消失了,她因病去世,升入天国。

在妻子波希米亚的安妮死后,世上就像是只剩下了理查二世一个人。他的母亲肯特的琼也已去世,他和波希米亚的安妮没有孩子。的确,虽然他还有叔叔和堂兄弟,但与其说他们是他的朋友,倒不如说是他的敌人和竞争对手。事实上,这些人注定会与他公开为敌。

理查二世此后又有过一次婚姻,我们在以后的章节中会提到他的这位"小妻子"。

第 12 章　*CHAPTER XII*

统治时期的事件（1382年—1396年）

Incidents of the Reign (*1382—1396*)

我们之前已经说过，理查二世结婚时只有十五六岁。之后随着年龄的增长，他开始向往独立和权力，并且越来越嫉妒他的叔叔，嫉妒他们对国家的影响力。母亲肯特的琼和他的关系非常紧密，她一直怀疑理查二世的叔叔为了自己的利益，在密谋反对她的儿子。她尤其怀疑冈特的约翰和他的儿子博林布鲁克的亨利。在后面的故事中，我们会发现，她并非杞人忧天，因为最后就是这位博林布鲁克的亨利取代理查二世成了新的英格兰国王。

为了防止叔叔们寻找机会实施他们所谓的计划，理查二世和母亲肯特的琼尽可能排挤他们，在宫中所有重要岗位上都安排了没有王位继承权的人。这自然会激怒他的叔叔。他们非常憎恨理查二世提拔上来的人，称他们是理查二世的宠臣。理查二世的宠臣和他的叔叔之间尔虞我诈，你来我往，不得消停。这种情况持续了好几年。不仅如此，贵族之间也是拉帮结派，你方唱罢我登场，一片混乱。

理查二世二十岁时，他的叔叔格洛斯特公爵托马斯对议会的影响力极大，理查二世的很多宠臣都被免职并关押了起来。此后，格洛斯特公爵托马斯的胆子更大了，他采取了进一步行动。他告诉议会成员说，议会永远都不会站稳脚跟，除非他们自己以国王的名义指派一个委员会来进行管理。

听说这一计划后，理查二世声称，自己绝不会屈服。

"我是英格兰的国王，"他说，"我会通过我自己指派的官员来管理我的国家，而不会同意由其他人来替我安排。"

当时的国王认为，议会的职责就是征收税款来供应自己的日常所需，完善有关规范日常事务和社会生活关系的法律，以及负责议会行政人员的任命和薪酬；而决定和平或是战争，决定是否建造和装备舰队及军队的指挥权则完全是国王的特权，国王在行使这些权力时无需向他的臣民负责，他只需向授予他君权的上帝负责。

而议会成员绝不同意这样的观点。他们一直认为，从某种程度上来说，国王应当对自己领土上的所有人负责。他们经常会采取其他方式来废黜和惩罚国王。

因此，当理查二世申明自己不会忍受一个由议会指派来的委员会时，下议院提醒他说，他的曾祖父爱德华二世就是因不理智且顽固地反对人民的意志而被废黜的。他们暗示理查二世，要小心同样的事情发生在他身上。还有一些领主告诉他说，对公共事务的管理不善、国王宠臣的腐败和玩忽职守已经引起全国人民的不满，如果他拒绝由议会任命委员会的话，那么他就有可能因此而丧命。

理查二世被迫让步，委员会终于成立了。理查二世非常愤怒，他暗自决定，要实施计划尽快重新夺权，惩治那些委员会成员及任命他们的人，要让他们为如此大胆地冒犯国王的权力而付出代价。

委员会由以理查二世的叔叔格洛斯特公爵托

马斯为首的十一位主教及贵族组成。这个委员会执政了一年多的时间。虽然所有决定都是以理查二世的名义做出的，但实权掌握在格洛斯特公爵托马斯手中。理查二世非常愤怒，但他不知道自己能做些什么。

他一直在制订重新夺权的计划。一年后，他在英格兰北部城市诺丁汉秘密召集了一群法官，向他们询问，议会任命这样的委员会是否合法。当然，法官们的回答是事先就已经安排好的。法官们裁定委员会是非法的；议会赋予该委员会的权力也是违背君权的。这种行为等同于叛国。因此，该事件的所有相关人员都应被处死。

在得到裁决后，理查二世打算逮捕委员会的主要成员。他回到伦敦后，立刻开始着手准备。听说了这一计划后，他的叔叔格洛斯特公爵托马斯立刻和其他几个打算反对理查二世的大贵族一起集结军队，带着四万名士兵朝伦敦出发。理查二世的堂弟博林布鲁克的亨利——冈特的约翰的儿子，也在半路加入了他们的队伍。听到这一消息后，理查二世的朋友和宠臣们立刻拿起武器，为即将发生的内战做准备。总而言之，在成功镇压了瓦特·泰勒起义后，理查二世的统治碰到了来自他的叔叔和大贵族们的更可怕的反抗。当然，后者肯定比前者更令人恐惧，因为他们拥有军队，他们有打一场大仗需要的一切装备。理查二世和他的支持者很快发现，抵抗是没有什么用的。因此，在短暂的挣扎后，保皇派被彻底打倒，理查二世的宠臣们悉数被捕。他们中有的人被砍了头，有的人被驱逐出境，国家政权再次落到了理查二世的叔叔们手中。

理查二世的一位宠臣——西蒙·伯利爵士——在这次事件中被处以死刑。他的死令理查二世和波希米亚的安妮悲痛万分。他是理查二世儿时的朋友和同伴。在理查二世还是一个孩子时，西蒙·伯利爵士就受他的父亲黑太子爱德华的指派，成为理查二世的家庭教师，自那之后他就一直陪伴着理查二世。波希米亚的安妮和他的关系也非常亲密，她很感激西蒙·伯利爵士安排了她和理查二世的婚姻。理查二世想尽了所有办法要救下他的家庭教师，但他的叔叔格洛斯特公爵托马斯无情地拒绝了他。格洛斯特公爵托马斯告诉理查二世，要想保住他的王冠，就必须处死这个叛徒。波希米亚的安妮也跪在他的面前，祈求他放过西蒙·伯利爵士，但无济于事。

理查二世被迫屈服，但他并没有放弃复仇。他让他的叔叔们又把控了议会一段时间。一年后，他终于觉得，自己有能力再次夺回自己的权力了。此前，他的叔叔们一直以理查二世还未成年为借口，把控着议会。而现在，他已成年，他决定发动政变来夺取政权。他和他的一些朋友及宠臣一起谋划这件事情。这些人也希望，能通过这种方式重新掌握权力。

所有贵族和高官都被召集到了大议会厅，等待理查二世的出现。

理查二世终于步入了议会厅，坐在了宝座上。过了一会儿，他看向一位贵族，并问道："先生，我现在多大了？"

这位贵族回答说,他已经过了二十岁了。

"那么,"理查二世严肃、坚定地说,"我已经可以管理自己的家庭和家庭成员了,当然还有我的国家。现在,在我的王国里,那些最卑贱的人状况看起来都比我强,这是不合理的。全国的继承人在他的父亲已经去世的情况下,年满二十岁就可以管理自己的产业。无论这个人的地位多么低微,这一点都是法律允许的,为什么我就不可以呢?"

理查二世说出这番话时,是那么勇敢、坚定,所有贵族都被他惊到了。停顿了一会儿后,领头的贵族看起来准备接受他的建议。他们说,从今以后不会再有凌驾于国王之上的权力,如果他愿意的话,他现在就可以执掌议会,因为这是他的权力。

"很好。"理查二世说,"你们知道我一直受到一些监管者的约束,没有他们的同意,我做什么事情都是违法的,哪怕只是一些微不足道的小事。我希望他们从现在开始不要再插手议会事务，因为我作为一个已成年的王权继承者，会亲自处理这些事情。我会请我中意的人来做我的顾问，按我自己的意愿来处理事务。"

听到理查二世如此坚定地说出自己的决定，贵族们都感到非常意外，但他们对此无话可说。

"那么首先，"理查二世继续说道，"我希望掌玺大臣能归还我的印玺。"

理查二世的印玺

印玺是王权的重要标志和象征。只有在附上印玺后，所有法令才具有合法的效力。负责管理印玺的人叫"掌玺大臣"。每位君主在即位后，都会制作自己的印玺。这些印玺大同小异，一面刻有国王坐在宝座上的形象，另一面则是国王骑在战马上，全副武装准备出征的样子。当然，每位君主印玺四周的铭文和图案是不一样的。

"我希望掌玺大臣，"理查二世说，"把印玺给我送上来。"

掌玺大臣经常会随身带着它，听见理查二世的话后，他把印玺装在一个装饰精美的盒子里，送到了理查二世手中。理查二世立刻重新指定了一名掌玺大臣，并把盒子交到了他的手上。理查二世以同样的方式罢免了几乎所有高官，并任命自己的人取代他们的职位。这些前任官员虽然非常恼怒，但不得不服从理查二世的安排。理查二世已经长大成人，他们失去了权力，再也没有借口来操控整个国家了。

自此，理查二世真正成了英格兰国王，但他

和他的叔叔们及他们的支持者依然冲突不断。

波希米亚的安妮当时还健在。她温柔善良，很好地扮演了和平缔造者的角色，极大地减少和缓解了很多糟糕的情况。尽管如此，理查二世仍然过着艰难的生活，他经常卷入各种各样的麻烦中。战争从未间断过，有时和法兰西，有时和苏格兰，有时和爱尔兰。理查二世的叔叔——冈特的约翰和格洛斯特公爵托马斯——经常会带兵远征。理查二世有时也会亲征，但即便他和他的骑士、贵族一起出征，在和平相处的表象下，他们之间仍然相互猜忌着，且经常会爆发争吵。

我来给大家举一个例子。这件事发生在理查二世婚后不久。当时他正与他的叔叔一起出征苏格兰，随行的有一个叫迈尔斯爵士的骑士。这个人是波希米亚的安妮的朋友。他是波希米亚人，到英格兰来拜访波希米亚的安妮，并给她带来了故乡的消息。出于对波希米亚的安妮的喜爱，理查二世非常关照他。这引起了英格兰贵族和骑士的嫉妒，他们以模仿和取笑迈尔斯爵士与众不同的举止为乐。不过，波希米亚的安妮的朋友们是站在他这边的，其中就有斯塔福德伯爵和他的儿子拉尔夫·斯塔福德勋爵。拉尔夫·斯塔福德勋爵是当时英格兰最谦虚、最受大家欢迎的骑士。

在出征苏格兰的途中，大军来到了英格兰北部一个叫贝弗利的小镇。一天，拉尔夫·斯塔福德勋爵麾下的两个弓箭手正骑马穿过贝弗利附近的田地，他们看见迈尔斯爵士正在因住处问题和两个侍从模样的人争吵。这两个侍从看起来应该知道那些贵族和骑士不喜欢迈尔斯爵士，所以他们表现得非常粗鲁无礼。当这两个弓箭手走上前来时，他们正跟在快步走向镇子的迈尔斯爵士身后，极尽能事地嘲讽挖苦他。

这两个弓箭手站在波希米亚人一边。他们对这两个侍从如此侮辱和戏弄一名人生地不熟的异乡人表示抗议，何况这个人还是波希米亚的安妮的朋友。

"我们又不是嘲笑他和你们有什么关系，可恶的无赖。"侍从说，"你们有什么权力干涉？

这和你们有什么关系?"

"这和我们有什么关系?"一位弓箭手重复道,"这和我们关系大了。他是我们主人的朋友,我们不会眼看着他受辱而不管的。"

听对方这么说后,一个侍从边说着很轻蔑的话边向前走去,像是要袭击这位弓箭手。不过,早有准备的弓箭手突然放箭,当场杀死了这个侍从。

迈尔斯爵士则早已继续向镇子走去。看见同伴被杀死后,另一个侍从立刻就逃跑了。这两个弓箭手把尸体留在原地,径直回家向拉尔夫·斯塔福德勋爵汇报刚才发生的事情。

听说这件事后,拉尔夫·斯塔福德勋爵非常担心,他告诉杀了人的那位弓箭手说,他做错了。

"我的主人,"弓箭手说,"我别无选择。那个人手里拿着剑朝我们冲了过来,我不杀了他,他就会杀了我们。"

此外,弓箭手还告诉拉尔夫·斯塔福德勋爵,那两个人是约翰·霍兰德爵士的手下。约翰·霍兰德爵士是理查二世同母异父的哥哥。听说这个消息后，拉尔夫·斯塔福德勋爵比之前更加惊惧。他告诉这两个弓箭手，他们必须马上离开，在事情解决前找个地方藏起来。

"我会和约翰·霍兰德爵士协商，请他原谅你们。"他说，"或是通过我的父亲斯塔福德伯爵来解决这个问题。在此期间，你们必须把自己藏好。"

拉尔夫·斯塔福德勋爵的父亲斯塔福德伯爵是一位德高望重、影响力很大的贵族。

当时，对于贵族和下属间的关系存在着一种很奇怪的观点，像这样因打架闹事而死人的问题都是由双方的主人来安排解决，并不是由当事者自己来决定。

两位弓箭手立刻离开并藏了起来，等待拉尔夫·斯塔福德勋爵解决问题。

与此同时，那位逃走的侍从跑回家向约翰·霍兰德爵士汇报了这件事。约翰·霍兰德爵士非常生气。他诅咒拉尔夫·斯塔福德勋爵和迈尔斯爵士，他认为，他们都该为那位侍从的死负责。他发誓说，今晚不报仇就不睡觉。约翰·霍兰德爵士立刻上马，带着自己的亲信赶到贝弗利，到处打听迈尔斯爵士的住处。当他气急败坏地往那儿冲时，在一条狭窄的道路上碰到了正要去找他商量这件事的拉尔夫·斯塔福德勋爵。然而，由于当时天色已晚，双方一开始都没有看清对方。

"是谁在那儿？"约翰·霍兰德爵士看见拉尔夫·斯塔福德勋爵靠近时问道。

"我是拉尔夫·斯塔福德。"拉尔夫·斯塔福德勋爵回答道。

"我正要找你呢，"约翰·霍兰德爵士说，"你的一个仆人杀死了我最喜欢的一位侍从。"

他边说边照着拉尔夫·斯塔福德勋爵的头上重重一击，把拉尔夫·斯塔福德勋爵打下了马背。之后，他骑着马扬长而去。随从们立刻赶上来，把拉尔夫·斯塔福德勋爵扶了起来。他们发现他已经晕了过去，并且血流不止，没过几分钟就死了。

见此情景，一个随从立刻骑马去追赶约翰·霍兰德爵士，追上后对他说道："先生，你杀死了拉尔夫·斯塔福德勋爵。"

"很好。"约翰·霍兰德爵士说，"我很高兴。我就是希望死一个像他这样的人，如此一来，我就彻底地为我的侍从报仇了。"

消息很快传了出去，所有人都非常震惊。拉尔夫·斯塔福德勋爵的父亲斯塔福德伯爵因失去了儿子而悲痛万分。斯塔福德伯爵当时在军队中拥有极大的权力，如果他要向约翰·霍兰德爵士寻仇的话，整个远征军将会陷入混乱。理查二世郑重地向他保证，一定会处置约翰·霍兰德爵士，这才把他暂时安抚了下来。然而，此时，理查二世的母亲肯特的琼——她也是约翰·霍兰德爵士的母亲①——陷入了极大的焦虑和悲痛中。

---

① 肯特的琼一嫁托马斯·霍兰德，二嫁威廉·塔库特，三嫁黑太子爱德华。其中，她与第一任丈夫生二子二女，其中一子为约翰·霍兰德；她与黑太子爱德华生二子，其中一子为理查二世。因此，理查二世与约翰·霍兰德为同母异父的兄弟，而前者年龄比后者小，所以前者为弟，后者为兄。——编者注

她恳求理查二世救救他的哥哥约翰·霍兰德爵士。其他贵族和骑士也都因偏袒某一方而争吵不休，这个问题看起来一时之间难以解决。与此同时，约翰·霍兰德爵士逃到了贝弗利的教堂里避难。按照当时的法律和习俗，除非他自愿从里面出来，否则其他任何人都不能进入教堂抓他。

理查二世拒绝了母亲肯特的琼放过约翰·霍兰德爵士的请求，但他发现，她的身体因伤心和焦虑而变得很虚弱，他很担心她会这样死去。最后，为了挽救母亲肯特的琼的生命，他答应饶约翰·霍兰德爵士一命。然而，一切都太晚了，她的母亲肯特的琼的身体每况愈下，最终还是因心碎而去世了。多么可怕的死亡！一位母亲为了阻止自己的孩子去杀死另一个孩子而不断努力，但一切都是徒劳。她最终因此而心力交瘁，撒手人寰。

除了骑士和贵族间的残酷争斗，宫中的女子们也钩心斗角，长期不和。她们经常拉帮结派，相互之间充满嫉妒、猜忌。其中最严重的一次冲突和冈特的约翰的婚姻有关。冈特的约翰当时已到暮年，这是他的第三次婚姻。他此前曾与两位出身高贵的女性成婚，而他现在要娶的这个女子出身比较卑微。她是一位外国骑士的女儿，一开始，她叫凯瑟琳·德·鲁昂。她是冈特的约翰的第二任妻子卡斯蒂尔的康斯坦丝的侍女，长期和冈特的约翰保持着不正当的男女关系。他们一共养育了三个孩子，冈特的约翰给孩子们提供了良好的生活和教育。但过了一段时间后，冈特的约翰对她感到了厌倦，就安排她嫁给了一个叫休·斯温福德的骑士。她和这位骑士一直生活在一起。休·斯温福德去世后，凯瑟琳·斯温福德成了寡妇。

此时卡斯蒂尔的康斯坦丝也去世了，冈特的约翰第二次成为鳏夫。他现在想娶凯瑟琳·斯温福德为妻。他这样做的初衷并不是因为他有多爱她，而是为了孩子们着想。他们的母亲和父亲结婚后，他们就会拥有合法的身份，就可以享有许多合法的权利和特权。宫中的女士们，尤其是其他几位公爵夫人在听到这个消息后非常愤怒，她们竭尽全力地想要阻止这场婚姻。然而，一切都是徒劳。冈特的约翰不是一个因为有人阻挠就会轻易改变计划的人。他最终还是结婚了。一直被人鄙视的可怜的凯瑟琳·斯温福德成了这个王国的第一公爵夫人，凌驾于其他几位公爵夫人之上。

其他几位公爵夫人不能接受这样的事情。她们说，自己无法忍受，也绝不会忍受这样的状况。她们声明，只要是凯瑟琳·斯温福德出现的地方，她们就绝不会出现。可以想见，这件事将会带来没完没了的争吵和巨大的敌意。

就在冈特的约翰成婚的同时，理查二世自己也迈入了第二次婚姻。我们将在第十三章中讲述这个故事。

第 13 章　CHAPTER XIII

小王后（1395年—1396年）

The Little Queen (1395—1396)

理查二世的第二任妻子被称为"小王后",因为她结婚时还非常小,大概只有六岁。这个故事可以反映出当时的人们是如何运作国王和公主的婚姻的。

"好王后安妮"去世后不久,理查二世的一些大臣和顾问就开始建议他再婚。和大多数人一样,他回答说,不知道该到哪里去找一位妻子。受英格兰和周边国家的王家礼制的限制,可供选择的范围确实不大。一位接一位的公主被推荐给理查二世,但没有一个是他满意的。在贵族女子中,他们选择了格洛斯特公爵托马斯的女儿,也就是理查二世的堂妹。然而,理查二世认为他们的血缘关系太近了。

最后,他决定与时年六岁的法兰西公主瓦卢瓦的伊莎贝拉成婚。人们对他的决定都感到万分惊讶。公主还太小,并且公主的父亲——法兰西国王查理六世——一直以来都是英格兰最强大的、无法和解的敌人。法兰西和英格兰交恶不仅仅是在理查二世一朝,而是从之前几朝一直延续至今。在这桩婚事被提出来前,两国之间刚发生过一场漫长、残酷的战争。不过,理查二世说,他打算实现和平,而这桩婚事将成为巩固和平的手段。

"但她确实太小了,"理查二世的顾问们说,"她还只是一个孩子而已。"

"确实如此。"理查二世说,"但这个理由会随着时间的推移而消失,并且我并不着急。我还年轻,完全可以等她长大;与此同时,我还可以训练她、教育她,使她能够完全符合我的要求。"

理查二世的顾问和议会举行了多场辩论,最后终于同意派出使团去向法兰西国王查理六世提亲,希望他能把自己的女儿瓦卢瓦的伊莎贝拉交给理查二世——英格兰的国王。

使团由一位大主教、两位伯爵、二十名骑士(每人带两名侍从,总计四十名)、五百个骑兵组成。队伍从伦敦出发前往多佛尔,然后跨海到达当时还是英格兰领地的加来,之后继续向巴黎进发。

到达巴黎时,他们受到热情欢迎,查理六世

也给予他们极大的体面。他们住进了专门为他们准备的豪华房间。

使臣们在宫中也受到了体面的接待。查理六世邀请他们共进晚餐，但这桩婚事遭到了反对。

法兰西人说："我们怎么能把法兰西公主许配给我们最痛恨的敌人呢？"

使臣们回答说，这桩婚事将促成两国之间缔结永久且巩固的和平。

还有人反对说，瓦卢瓦的伊莎贝拉已经订婚了。她被许配给了邻国一位公爵的儿子。然而，使臣说，他们认为这件事可以协调解决。

谈判还在继续，英格兰使臣提出，想要见见公主瓦卢瓦的伊莎贝拉。一开始查理六世和巴伐利亚的伊萨博，也就是瓦卢瓦的伊莎贝拉的父亲和母亲拒绝了这一请求。他们说她只有六岁，还不明白在这种场合下该做些什么。

然而，他们最终还是同意了。使臣们被引到卢浮宫的一个房间里，在那儿见到了正在等候他们的公主瓦卢瓦的伊莎贝拉和她的父母。见到这个孩子时，大使走上前跪在了她的面前，他说："殿下，如果上帝愿意的话，您将会成为我们的王后。"

在他说话时，公主瓦卢瓦的伊莎贝拉专注地看着他。她是一个漂亮的孩子，温柔又体贴，还有一双传神的黑色的大眼睛。

她用幼稚的童音回答道："先生，如果上帝和我的父亲都愿意的话，那么我很高兴成为英格兰王后，因为他们告诉我，我会成为一名伟大的女性。"

然后，瓦卢瓦的伊莎贝拉就扶起大使，把他带到了自己母亲巴伐利亚的伊萨博面前。

使臣们对公主瓦卢瓦的伊莎贝拉的外表和行为举止都非常满意，从而更加乐意促成这桩婚事。在进一步商讨后，他们得到了这样的答复：法兰西王室很高兴能收到理查二世的求婚，但现在还无法做出决定。

"我们必须要再等等，"查理六世说，"看看能否解决公主现在的婚约问题。如果理查二世能再派人前来的话，明年春天我们将给出最后的答复。"

王室间的事情处理起来总是很费时，这些使臣在巴黎停留了三个月，努力地使事情朝他们期望的方向发展。他们对自己的努力非常满意，最后兴高采烈地返回了伦敦。他们向理查二世汇报了情况。理查二世也对此行的结果非常满意。

整个冬天，双方都在进行紧密的协商。1396年春，英格兰又派出一支比之前规模更大的使团。多达数千人的使团站满了巴黎的一整条街道。这桩婚事终于定了下来。宫中举行了盛大的典礼，瓦卢瓦的伊莎贝拉正式嫁给了理查二世。按照当时的习俗，由使团中的一位高官代表理查二世迎娶了瓦卢瓦的伊莎贝拉。接着，人们举行了盛大的游行和庆典活动。

除了婚约，双方还签订了许多条约及盟约。这些事情都需要耗费大量的时间。因此，英格兰使团在巴黎停留了整整三周的时间。三周后，他们启程回到伦敦，向理查二世汇报情况。

不过，问题并未全部解决。许多英格兰贵族和平民都极力反对这场婚姻，因为他们希望和法兰西间的战争能继续下去。理查二世的叔叔格洛斯特公爵托马斯就是其中一员。迄今为止，他在战争中表现非常突出，他希望这种情况能够继续下去。因此，他想尽办法阻挠婚礼，使各种谈判被耽搁了很久。然而，理查二世非常坚定，最终，所有障碍都被清除了。1396年秋，理查二世带着浩大的迎亲队伍来到了法兰西边境。

双方都为这次互访仪式做了充分的准备。他们决定在边境线上碰面，但没有一位君主能安心地踏入别人的领土，因为他们都担心对方会背信弃义。出于同样的原因，双方都认为，有必要带上大批军队。大量的粮草也已经提前备足：一部分粮草从伦敦出发，沿泰晤士河顺流而下；剩下的则是在佛兰德斯和其他地方采购好后，通过水路运到加来。法兰西国王查理六世也从巴黎向各个边境小镇运送了许多粮草。

宫中女子们都在积极地为婚礼做准备。她们

中大多数人都会和婚礼的队伍一起出发。她们一直都在谈论应该穿什么样的衣服，佩戴什么样的饰品及她们在大游行中应该如何表现。数百名军械师、铁匠及其他技工都被召集来维修保养贵族们的盔甲，设计制作比之前更华丽的旗帜和马鞍。

宫中女子们对冈特的约翰的新妻子凯瑟琳·斯温福德充满了敌意，她们声称，绝不会和她出现在同一个地方。然而，理查二世认为她们应当加入迎亲的队伍。现在，这些女人陷入了两难的境地。她们要么忍受她的出现，要么就放弃参与此生难得一见的盛况。她们最终选择了顺服。

终于万事俱备，迎亲的队伍出发了。他们穿过多佛尔海峡，抵达加来。和平谈判耗时良久，虽然理查二世为了迎娶瓦卢瓦的伊莎贝拉，愿意在各个方面达成和平协议，但他的叔叔和其他大贵族制造了不少困难，耗费了很多时间才最终签署了协议。不管怎样，所有问题都得到了解决。

边境两旁搭起了两座华丽的帐篷，一座在法

兰西境内，另一座在英格兰境内。两位君主和双方的贵族分别使用自己的帐篷。两座帐篷中间，确切地说，就在边境线上，搭起了第三座更大的帐篷。在这座帐篷中，两位国王举行了第一次会面。因为从某种意义上来讲，大家认为，首先进入对方领土的国王是处于劣势的，所以他们特意做了这样的安排。双方一同从自己的帐篷中走向位于中间的大帐篷，在那里进行第一次会面，此后就可以随意往来了。不过，大家都认为，很有必要采取一些措施以防对方背信弃义。因此，在会面前，双方君主都向天发誓，郑重地声明自己心怀善意，绝不会有任何阴谋或背叛。他们以自己神圣的名誉发誓，绝不会在会晤期间让对方遭受暴力、破坏、骚扰、被俘，或是其他任何不便。

为了增强防备，双方都派出了一支由四百名全副武装的骑士组成的武装力量，分立在中央帐篷的两侧；英格兰军队在英格兰一侧，而法兰西军队则在法兰西一侧。双方军队都被分成了两部分，中间留出一条通道，两位国王可以通过这条通道走向中央帐篷。

所有准备都已就绪，两位国王按照约定的时间，同时走出了各自的帐篷，在许多公爵和大贵族的陪伴下走向中央帐篷。两位君主都毫不设防地走向对方。他们非常友好地相互问候，简短地交谈了几句。有些记录中说，法兰西国王查理六世拉着英格兰国王理查二世的手，走到了法兰西的帐篷里。法兰西的公爵们也陪着英格兰的公爵们跟在两位国王的身后，大家一起享用了一些小点心。

不管如何，第一次见面都是礼节性的。之后在双方的帐篷里又举行了多次会晤，这种互访持续了好几天，直到确定了最后签署协议的日期。而在这一天，瓦卢瓦的伊莎贝拉也将被送到她的丈夫理查二世身边。

最后的庆典被安排在法兰西的帐篷里。具体程序是这样的。首先会有一个盛大的庆祝活动。场地内摆满了大桌子，餐柜上是昂贵的餐盘。在公爵们的陪同下,国王坐在桌边。用餐时,理查二世和查理六世聊起了瓦卢瓦的伊莎贝拉,还有他们缔造和维持的令人愉快的和平。

晚宴结束后,侍者们很快撤走了桌布,把桌子也抬了下去。之后,在巴伐利亚的伊萨博的带领下,一队法兰西宫廷女子鱼贯而入,后面跟着瓦卢瓦的伊莎贝拉。等她进来后,查理六世牵着她的手把她带到了理查二世面前。理查二世热情地迎接她,把她抱了起来并亲吻她。理查二世告诉查理六世,他非常清楚她的价值,他会把她看作两国间永世友好的象征。按照之前的协议,他还郑重地承诺,瓦卢瓦的伊莎贝拉或是瓦卢瓦的伊莎贝拉的后人,将永远放弃对法兰西王位的继承权。

然后,他立刻把瓦卢瓦的伊莎贝拉交给了凯瑟琳·斯温福德和其他几位夫人,由她们把瓦卢瓦的伊莎贝拉带到了帐篷门口。一顶华丽的软轿已经等在那里了。瓦卢瓦的伊莎贝拉被送进了软轿里,立刻朝着加来出发。理查二世带着大队人马紧随其后，很快就回到了加来。

几天后，理查二世和瓦卢瓦的伊莎贝拉再次举行了婚礼，这次是由理查二世亲自迎娶他的新娘。随后举行了盛大的庆祝活动和游行。婚礼结束后，瓦卢瓦的伊莎贝拉就被托付给了凯瑟琳·斯温福德和那些奉命前去迎接她的夫人。

与此同时，整个伦敦的人都越来越兴奋，翘首期盼瓦卢瓦的伊莎贝拉的到来。人们已经做好了欢迎的准备。在离开自己的父亲查理六世十二天后，瓦卢瓦的伊莎贝拉终于到了伦敦。她第一晚住在了伦敦塔里，第二天就声势浩大地穿过伦敦城，到了威斯敏斯特。人们聚集在一起，迫不及待地想要看到他们的新王后抵达伦敦。在瓦卢瓦的伊莎贝拉通过伦敦桥时，有九个人被拥挤的人群挤死了。

瓦卢瓦的伊莎贝拉在温莎城堡住了下来，由凯瑟琳·斯温福德和其他几位夫人一起负责照顾她的起居及教育。理查二世会经常来看望她，这时她就可以不用学习，所以她总是很高兴见到他；另外，他还会陪她聊天玩耍。这时，他三十岁左右，而她只有十岁。不过，他非常喜欢她，因为她是如此美丽、温柔。她也非常想让理查二世来看她，因为他的来访不仅能把她从学习中解放出来，并且他非常温和友善；理查二世还经常为她弹奏乐曲、唱歌，以各种各样的方式取悦她。此外，她还非常羡慕他华丽的装扮，因为他每次来时都穿着漂亮的衣服。

总之，虽然年龄相差悬殊，但理查二世和他的王后瓦卢瓦的伊莎贝拉对这段婚姻都非常满意。理查二世为自己年轻漂亮的妻子感到骄傲，而瓦卢瓦的伊莎贝拉也以他的伟大、力量和荣耀为荣。

第 14 章 *CHAPTER XIV*

理查二世被废黜与死亡（1397年—1399年）

Richard's Deposition and Death (*1397—1399*)

理查二世和他的小王后瓦卢瓦的伊莎贝拉成婚后不久，英格兰的议会就遇到越来越多的麻烦和困难。叔叔们之间的不和，叔叔与他之间的嫌隙也变得越来越深，相互的争斗也越来越残酷。他们为了继承权的问题，互不相让。瓦卢瓦的伊莎贝拉尚且年幼，她能否长大成人、生儿育女还未可知；如果她没能生育子女的话，那么理查二世的某一位堂兄弟就将继承王位。我之前提到过的博林布鲁克的亨利就是一位主要的拥有继承权的人。还有另一位很重要的人物马奇伯爵罗杰·莫蒂默，他是理查二世的叔叔莱昂内尔的外孙，而莱昂内尔在很早之前就已经去世了。格洛斯特公爵托马斯曾极力反对理查二世与瓦卢瓦的伊莎贝拉的婚姻，他和理查二世之间早已水火不容。他和几位大贵族正一起谋划废黜理查二世，立马奇伯爵罗杰·莫蒂默为王。如果这一计划成功的话，瓦卢瓦的伊莎贝拉将面临终身监禁。

有人把他们的阴谋报告给了理查二世。理查二世立刻决定，除掉他的叔叔格洛斯特公爵托马斯。这件事必须要在被他们察觉前完成。因此，一天夜里，理查二世带着一队人马离开了威斯敏斯特的王宫，赶往离伦敦还有一段距离的格洛斯特公爵托马斯的城堡，计划在清晨到达那里。伦敦人看见理查二世这么晚还要出城，都在琢磨他这是要去哪儿。

第二天一早，理查二世一行赶到了格洛斯特公爵托马斯的城堡。他派人上前询问格洛斯特公爵托马斯在不在家。仆人回答说，格洛斯特公爵托马斯在家里，但还未起身。有人跑去格洛斯特公爵托马斯的卧室里，告诉他理查二世就在下面的院子里，让他赶快下去迎接。格洛斯特公爵托马斯跑了下来。他非常惊讶，但他清楚他决不能表现出任何怀疑。在欢迎理查二世的到来后，他询问他们此行的目的。理查二世装出一副轻松愉快的样子，就像是出来参加宴会一样。他说希望格洛斯特公爵托马斯能陪他出去走走。格洛斯特公爵托马斯回到房间梳洗穿衣，并命人备马，而理查二世则和迎接他的夫人们愉快地聊着天。等到一切准备停当后，大家骑着马出了城堡。此时，理查二世突然变了脸，命人拿下格洛斯特公爵托马斯并带走了他。

此后，格洛斯特公爵托马斯再未出现在英格兰，也没人听到过他的消息。大家不知道到底发生了什么。后来有消息传出，说他被送上一艘船，秘密押解到加来，被关在一座城堡里。过了不久，理查二世命人用羽绒被闷死了他，也有人说是用湿毛巾捂死的，还有人说是勒死的。后来，还有一些被理查二世怀疑是格洛斯特公爵托马斯同党的大贵族们也被以同样的方式诱捕。他们中一些最有权势的人接受了法官的审判，并被处以死刑。当然，这些法官都是唯理查二世之命是从的。人们怀疑，理查二世之所以不敢公开审判格洛斯特公爵托马斯，是因为他在英格兰民众中享有极高的声誉和威望。

理查二世很高兴自己终于除掉了最可怕的敌人。不久，马奇伯爵罗杰·莫蒂默也死了，他可以大大地松一口气了。然而，英格兰民众对他非常不满。人们都非常尊重和爱戴格洛斯特公爵托马斯，也非常痛恨理查二世。理查二世的统治非常专制，他的生活也极度奢侈。为了填补理查二世巨大的开销，人们不得不背上沉重的税赋。然而，他压根不会把钱用在能使自己变得更强大或是更荣耀的事情上。因此，人们都认为，他根本不在意国家的利益。任何时候，他都可以为了达成个人目的而随时牺牲国家利益。

在杀了反对派的主要领导人后，理查二世曾一度完全按照自己的意志行事。他操控议会通过了一些极不公平的法令，目的仅仅是为自己敛财或是增加自己的权力。他就这样一直我行我素，直到叛乱的时机成熟。

虽然拥有大量的财产和光鲜的生活，但理查二世并不开心。他被猜忌和焦虑折磨着，他的良心一直在谴责他杀死了自己的叔叔格洛斯特公爵托马斯和其他贵族，特别是阿伦德尔伯爵理查德·菲查伦。阿伦德尔伯爵理查德·菲查伦是英格兰最富有也是最有权势的贵族。理查二世经常会半夜被噩梦惊醒，大声尖叫着说自己的床上流满了阿伦德尔伯爵理查德·菲查伦的鲜血。

他一直很害怕自己的堂弟博林布鲁克的亨利，而他现在已经是王位的直接继承人了。理查二世总是怀疑博林布鲁克的亨利想害死他，他很希望能找个借口除掉他。终于，机会出现了。博林布鲁克的亨利和一个叫诺福克的贵族发生了争执，他们互相指责对方预谋叛国。两人间的争论持续了很久，一直难分高下。最后，大家决定，举行一场决斗来确定他们俩到底是谁说了假话。

英格兰中部小镇考文垂被定为最后决斗的地方。人们准备好了竞技场，搭起了供理查二世和裁判就座的帐篷。大批观众也聚集在一起，想要观看这场决斗。与平时不同的是，这次决斗将在马背上进行。双方都骑着披挂整齐的高头大马，诺福克的战马身上披着深红色的天鹅绒，博林布鲁克的亨利的马饰同样华丽。等到一切准备就绪后，发令官一声令下，决斗开始了。在双方互攻了几个回合却未分出胜负时，理查二世示意

博林布鲁克的亨利，即后来的亨利四世

传令官，大声喊"嗬！嗬！"这是停止决斗的命令。理查二世命令他们下马，放下武器，坐到竞技场中事先为他们准备好的椅子上去。这些椅子做工非常精良，上面都铺着精心绣制的天鹅绒。

所有人都在静静地等待理查二世和裁判们商议的结果。很久之后，理查二世终于宣布，决斗到此为止，双方都被判有罪，驱逐出境。博林布鲁克的亨利流放十年，而诺福克则是终身流放。

大家对这样的结果非常愤怒。没有任何证据能够证明博林布鲁克的亨利有罪。然而，博林布鲁克的亨利毫无怨言地服从了理查二世的决定，准备离开英格兰。在他启程前往多佛尔的途中，沿途市镇的人们都聚集到他身边，对他的离开表示非常遗憾。当他终于登船离开后，大家都说，他们唯一的保护人和慰藉走了。

博林布鲁克的亨利到了巴黎后，向法兰西国王查理六世讲述了自己的遭遇。查理六世果断地站在博林布鲁克的亨利一边。他非常诚恳、友好地接待了博林布鲁克的亨利，对理查二世的所作所为表示不满。

还有一件事使博林布鲁克的亨利和理查二世之间的关系越来越疏远。有一位叫德·库西的夫人是陪同瓦卢瓦的伊莎贝拉来到英格兰的女官。她是瓦卢瓦的伊莎贝拉的女管家。这位夫人的生活非常奢侈,在她的管理和影响下,瓦卢瓦的伊莎贝拉的开支变得非常庞大,而这一切自然都落在了理查二世的身上。德·库西夫人一共有十八匹自用的骏马,还养了大批侍从;只要她出现在公共场合,这些侍从就会陪在她的身边。此外,还有好几个金匠、珠宝匠、皮草裁缝和若干其他匠人,一直不停地在为她制作服装和饰品。理查二世借口自己没有能力承担如此庞大的开支,免去了德·库西夫人的职务,并把她送回了法兰西。德·库西夫人因此愤愤不平,她决定要去法兰西国王查理六世那里说他女婿理查二世的坏话。

在博林布鲁克的亨利被流放后三个月,他的父亲冈特的约翰去世了。冈特的约翰给自己的儿子博林布鲁克的亨利留下了大量的财产。理查二世原本同意博林布鲁克的亨利在流放期间，指定一位律师作为代理人来照看他的财产，但他出尔反尔，不仅撤回了赋予律师的权利，还将这些财产通通据为己有。这一举动引起了公愤，大家越来越痛恨理查二世，同时更加支持博林布鲁克的亨利。

客观来说，此时的理查二世正饱受折磨。他的身边总是麻烦不断，而他又非常缺钱。此时，在爱尔兰爆发的一场叛乱可谓雪上加霜。理查二世不得不亲自出征平叛。他筹集了所有能筹集到的钱财，招募军队并装备了一支舰队，准备横跨爱尔兰海。他任命叔叔约克公爵埃德蒙为摄政王，在他出征期间负责处理政务。

在出发去爱尔兰前，理查二世去温莎向瓦卢瓦的伊莎贝拉告别。他们一起在教堂里参加了弥撒，结束后一起坐在门边喝了点酒，吃了点点心。他抱起她，亲吻着她的面颊，说道："再见，女士。再见，直到我们再次相见。"

理查二世离开后，许多有影响力的大人物开始谋划着要阻止他回国，或者至少阻止他再次统治整个国家。而当时身在巴黎，已成为兰开斯特公爵的博林布鲁克的亨利收到了许多人的来信。在信中，他们都敦促博林布鲁克的亨利尽快回到英格兰，并向他承诺，会支持他废黜理查二世。

最终，博林布鲁克的亨利接受了他们的建议。他在法兰西招募了许多支持者，其中有一部分人加入了他的军队。据说，这些人人数并不多，大概只有六十名。博林布鲁克的亨利带着这些人从法兰西出发，穿越海峡到了英格兰。他试探性地接触了几个地方，打算观察并弄清民众对他的态度。最后，他终于登陆了。人们开心地迎接他，所有人都拥向他，支持他。

摄政王约克公爵埃德蒙立刻召集理查二世的朋友们开会商讨对策。经过讨论与调查后，他们发现，不会有人支持他们抵抗博林布鲁克的亨利。因此，这些人立即绝望地放弃了理查二世，各自逃命去了。

约克公爵埃德蒙赶到温莎城堡，把王后瓦卢瓦的伊莎贝拉和她的侍从送到了沃林福德堡，他觉得他们在那儿会更安全一些。

此时，理查二世在爱尔兰战场损失惨重，不得不返回英格兰。他惊愕地发现，博林布鲁克的亨利已经在英格兰登陆，正意气风发地向伦敦进军。他现在没有足够的军力，即便见到了自己的堂弟博林布鲁克的亨利，也不会有任何胜算。现在的问题是，他如何才能躲过博林布鲁克的亨利的复仇。理查二世解散了跟在身边的军队，带着几个侍从逃到了威尔士的城堡。在逃亡途中，他过得非常凄惨，贫困交加，有时不得不睡在草垛上。最后，他逃到了接近威尔士北部边境的康威，把自己关在了那里的一座城堡里，也就是著名的康威城堡。这座城堡的遗址现在已经成了著名的景点，每年都有很多游客前去参观。

博林布鲁克的亨利此时正带着军队走在英格兰的大地上，他的军队虽然人数众多，但都不是正规军。他现在还没有称王，也没有做出任何不忠的举动。当他听说理查二世人在威尔士，便带着从伦敦招集的大队人马朝威尔士进发，并驻扎在威尔士北部的弗林特。博林布鲁克的亨利派出一名伯爵作为信使，前往康威城堡与理查二世谈判。伯爵被带到理查二世面前，告诉他说，他的堂弟博林布鲁克的亨利此时正在弗林特堡，希望理查二世能去见他，共商大事。理查二世不知该怎么办。不过，很快，他就意识到自己已被博林布鲁克的亨利抓在了手心里，他得放低姿态，表示顺从。于是，他告诉伯爵，自己会和他一起去弗林特堡。

他们还没有走出去多远，便在一条夹在大海和山峰间的小道上碰到了一支全副武装的军队——他们是按照伯爵的安排，提前埋伏在这里的。不用多说，理查二世现在成了他们的阶下囚。

到达弗林特堡后，理查二世见到了博林布鲁克的亨利。博林布鲁克的亨利在见到理查二世时，表现得非常恭敬，好像仍然把他当做君主一样。他多次下跪，直到最后理查二世拉着他的手把他扶了起来，说道："欢迎你，我的堂弟。"

博林布鲁克的亨利答道："尊敬的陛下，我这次来的目的，是要得到您的允许，拿回属于我的人、土地和遗产。"

理查二世说："亲爱的堂弟，我会满足你的愿望，你会得到所有属于你的东西，无一例外。"

两个人虚伪地说了一会儿话后，就一起用了早餐。早餐结束后，博林布鲁克的亨利把理查二世带到了窗边，从那儿可以看见他从伦敦带来的大军正列队站在广场上。理查二世问，这都是些什么人。博林布鲁克的亨利回答说，他们都是从伦敦来的。

"他们想要做什么？"理查二世问道。

"他们想让我抓住你，"博林布鲁克的亨利说，"然后把你关在伦敦塔里，除非你跟我走，否则我无法安抚他们。"

理查二世意识到抵抗是没有用的，他只好服从博林布鲁克的亨利的安排。博林布鲁克的亨利带着他一起回到伦敦，表面上看起来像是在护送国王,实际上是在押送囚犯。一路上,失势的理查二世被人们无视、侮辱,但他很清楚自己现在完全受制于人,抱怨是没有任何意义的;他的精神已经完全被摧毁,根本无心反抗。到了伦敦后,他被关进了伦敦塔。他就像以前一样住在那里,只是现在围绕在身边的侍卫不再是为了保护他的安全,而是为了监视他,防止他逃跑。

博林布鲁克的亨利立刻召集议会,以理查二世的名义颁布命令。这样做是为了保证议会至少从表面上看起来是合法的。此后,议会正式发表公告,指控理查二世的若干罪行。这些公告总计有三十三份之多。他们总结了理查二世一生犯下的所有罪行,包括他的残忍、奢华、乱政、非法流放、处决自己的同胞及其他大大小小的罪行。

在还未做出裁决前,理查二世的精神一直处于极度的焦虑中。有时他会陷入深深的绝望与忧郁中,有时又会像个疯子一样,狂躁地在房间里走来走去,发誓一定要向他的敌人复仇。

他经常会与博林布鲁克的亨利和其他贵族见

面。有一次，博林布鲁克的亨利和约克公爵埃德蒙及其他几位贵族一起来到伦敦塔，他派人去叫理查二世来见他们。

"告诉博林布鲁克的亨利，"理查二世说，"我不会这么做的。如果他想见我，让他到我这儿来。"

他们便来到理查二世的房间。博林布鲁克的亨利进门时摘下了自己的帽子，非常恭敬地问候理查二世。当看到约克公爵埃德蒙和博林布鲁克的亨利在一起时，理查二世非常愤怒。在出发去爱尔兰前，他任命约克公爵埃德蒙为摄政王，将自己的国家托付于他，但在博林布鲁克的亨利入侵时，他没有做出任何抵抗就投降了。因此，约克公爵埃德蒙进来后，理查二世立刻爆发了，疯狂地辱骂约克公爵埃德蒙和他的儿子。这引起了双方激烈的争吵，有人指责理查二世说谎，还把帽子扔在他面前以示不屑。理查二世转向博林布鲁克的亨利，愤怒地询问为什么自己要被监禁在这里，周围还有这么多的守卫。

他质问道："我是你的仆人，还是你的国王？你到底想对我怎么样？"

"您当然是我的国王，我的主人，"博林布鲁克的亨利平静地答道，"但议会决定，目前需要把您监禁起来，等待他们做出对您的裁决。"

理查二世怒不可遏，愤怒地诅咒这些人。

他又要求和自己的妻子瓦卢瓦的伊莎贝拉在一起。然而，博林布鲁克的亨利回答说，委员会禁止他与王后瓦卢瓦的伊莎贝拉见面。这使理查二世更加愤怒，他紧握着拳头在房间里走来走去，语无伦次又无助地咒骂着这些人。

理查二世最终被迫退位。他很快发现，只有这么做才能保住性命。他正式宣布，永久放弃王位及继承权，同时交出了象征着君权的宝球和权杖。除了这些仪式，议会还起草了一份退位诏书，理查二世非常郑重地在上面签上了名字。理查二世正式宣布退位；而作为理查二世的合法继承人，博林布鲁克的亨利立刻宣布即位，登上了英格兰的宝座，成为亨利四世。理查二世仍被带回了伦敦塔。不久,亨利四世命人把他送到了一个更保险的地方——庞蒂弗拉克特堡关押了起来。

不久就有谣言传出,说理查二世的朋友们正密谋谋杀亨利四世,助理查二世复辟。据说,有人偷偷地在亨利四世的床上藏了尖锐的利器,想在他躺下时扎死他。不管流言是真是假,有一件事是确定的。那就是理查二世的存在,极大地威胁到了亨利四世。亨利四世和他的党羽都非常清楚这一点;有一天,他们谈到了这个话题,亨利四世说:"难道就没有一个忠诚的朋友可以帮我摆脱这个人吗?对我而言,不是他死,就是我亡。"

很快,人们就听到了理查二世驾崩的消息。大家都认为,他是被谋杀的。关于他的死亡方式有好几种说法,最确切的一个版本是这样的:有一个叫艾克斯顿的人在听了亨利四世的话后,立刻带着八名死士赶到了庞蒂弗拉克特城堡。他们个个全副武装,闯进了理查二世的房间。理查二世当时正坐在桌边,他发现危险后立刻跳了起来,试图保护自己。他抢下了一个刺客

庞蒂弗拉克特城堡,理查二世被关押在此

的武器，奋力搏杀。理查二世在被制服前一共砍杀了四名刺客。最后，艾克斯顿站在此前理查二世坐着的椅子上，猛地跳了起来，朝着他的头部狠狠地砸了过去，理查二世终于倒在了地上。

亨利四世觉得，很有必要将理查二世驾崩的消息公布于众。因此，理查二世的尸体很快就被抬上了灵车，由四匹黑马拉到了伦敦。他被曝尸多日，所有想看的人都可以去看。有两千多人跑去看了他的尸体，亲眼见证他们最恨的理查确二世确实不在了。

其间，瓦卢瓦的伊莎贝拉一直被监禁在另一座城堡里。她现在大概是十二岁。在听说降临在她丈夫理查二世身上的不幸和她绝望无助的境况后，查理六世伤心得都快要疯掉了。法兰西王室派人来带她回去，但亨利四世拒绝了他们的要求。他希望她能嫁给自己的儿子威尔士亲王亨利，但瓦卢瓦的伊莎贝拉绝不听从这样的安排。亨利四世又希望瓦卢瓦的伊莎贝拉能以先王后的身份留在英格兰，并保证在她有生之年给予她最大的尊重与照顾。但不论是瓦卢瓦的伊莎贝拉本人还是她远在法兰西的亲朋都不同意这样的安排。在经过旷日持久的谈判后，瓦卢瓦的伊莎贝拉终于回到了法兰西。

瓦卢瓦的伊莎贝拉在多佛尔登船，踏上了回家的路途。一共有五艘舰船护送她。陪同她一起回国的还有两位女管家、几位宫女和两个法兰西侍女，她们的名字分别是司默娜和玛丽安，此外还有许多其他随从。

瓦卢瓦的伊莎贝拉抵达了位于加来和布伦之间的一个小镇。奉命前来接她的代表团热烈地欢迎了她。

此后，她在法兰西生活了多年，一直对她的丈夫理查二世忠贞不渝，经常会哀悼他。在她十九岁时，她还是被安排嫁给了一位法兰西王子奥尔良公爵查理一世，这位王子是她的堂弟。一开始，她是非常反对这桩婚事的，但她心里很清楚，在当时的情况下，自己是无法拒绝的。婚后她也深爱自己的丈夫奥尔良公爵查理一世，成了一名忠诚的妻子。结婚三年后,她生下了一个女儿。然而,在生产后的几小时内,她就突然去世了。听说她去世的消息后,她的丈夫奥尔良公爵查理一世曾经一度崩溃,当他看见年幼的孩子时才稍感安慰。

(根据哈珀兄弟出版公司出版的英语版译出)